PEQUENO MANUAL PARA A METADE DA VIDA:

A LIBERDADE PARA VIVER

PEQUENO MANUAL PARA A METADE DA VIDA:

A LIBERDADE PARA VIVER

Daniela Bierrenbach Feder

SUMÁRIO

"A principal tarefa da vida de um homem é a de dar nascimento a si próprio."

Erich Fromm

INTRODUÇÃO

No curso da vida, quando menos esperamos, vemo-nos atravessando um limiar importante. Por volta dos 35 anos, um dos nossos pés já se encontra ali, na metade da vida. Quando falamos na famigerada "crise da meia-idade", provavelmente a imagem que vem à cabeça é a de um homem comprando um carro novo e potente, ou saindo com uma mulher bem mais nova, provavelmente nos seus 50 anos. Mas na realidade, ela começa muito antes e é muito mais profunda do que esse famoso clichê.

Falar sobre uma idade cronológica específica, na minha opinião, também não seria inteiramente correto, já que esse momento de questionamento pode acontecer mais por um certo tempo psicológico do que por uma idade estabelecida. O fato é que a chegada à metade da vida é uma grande oportunidade que temos de, finalmente, começar a viver uma vida mais autêntica e plena de sentido, que lá na frente, vai nos fazer sentir que experenciamos uma existência verdadeira, uma existência de quem realmente somos. Como nos disse Joseph Campbell: "O privilégio de uma vida é ser quem você é."

Lidar com o envelhecimento, com a mudança em nosso corpo e com todas as limitações que essa fase paulatinamente nos traz, incluindo o confronto com a finitude da vida, poderá ser vivenciado de uma outra maneira quando mergulharmos nesse processo de conscientização que se inicia já na metade da vida.

Caso contrário, corremos o risco de sucumbir a uma velhice sem esperança, com frustrações e arrependimentos, principalmente, por ter vivido uma vida voltada para os outros, e não para o nosso mais profundo desejo. Afinal, quem é você hoje? O que você faz hoje que não é uma "exigência social" ou uma expectativa familiar? Você se questiona se vive de acordo com scripts familiares? E de onde vieram essas demandas, das quais nos dispomos a seguir?

Portanto, se você pegou esse livro, provavelmente sente um chamado para se examinar, conhecer-se, aprofundar-se, para viver de forma mais autêntica – e sem desculpas – no curso da sua preciosa existência. Esse livro é um convite a um "reflorestamento" da alma, que, por muitos anos, sucumbiu a algum tipo de "desmatamento". Aliás, o termo "reflorestamento" é muito propício. Alguns autores ligam a etimologia da palavra "humano" (do latim humanus) ao termo latino humus, que significa "terra". Húmus, na língua portuguesa, é o solo fértil, simbolizando que somos sempre terreno bom para crescer, capaz de brotar, nascer e renascer. Portanto, a hora é sempre agora. Este é o momento de florescer e frutificar, pois sempre é (e há) tempo.

Uma vez criei borboletas em casa e as acompanhei desde o momento em que eram lagartinhas. Tínhamos cinco lagartas e pude observar como o processo de transmutação ocorreu – como se fechar em um casulo, abrir as asas e começar a voar. Todas as fases têm suas dores e dificuldades, afinal, são mudanças físicas, literalmente metamorfoses. Cada uma em seu ritmo, dia após dia, transformando-se. Lembro-me de uma delas que não conseguiu finalizar o processo da forma esperada. Mesmo tendo desenvolvido as asas, algo aconteceu e ela não conseguiu nem mesmo abri-las. Ficou com as asas fechadas; parecia que estavam grudadas no seu corpo mesmo depois de sair do casulo. Meu filho ficou desolado. Teve muita pena daquela pequena criatura que não conseguiu abrir as asas e voar. Nós a alimentamos com uma colherzinha com água e mel durante 4 dias, sempre na esperança de que ela ia conseguir reunir forças para "se abrir", mas, depois de 5 dias assim, ela finalmente morreu.

Esse ocorrido me faz pensar na temática deste livro. Após a primeira metade da vida, estando esta destinada ao externo, à construção do que a vida nos exige, nós temos um chamado. Assim como uma energia intrínseca chama a lagarta para o casulo, uma intimação, uma força psíquica maior nos convoca para uma mudança de caminhos, de pensamentos, de sentimentos. Carl Jung chama de "Metanoia" esse acontecimento psicológico que se dá por volta dos 40 anos, quando começam a emergir novas mobilizações na nossa consciência que nos encaminham para nos tornarmos quem de fato somos. Um processo de casulo, em que recursos inconscientes emergem para que possamos integrá-los à consciência. Processo para se tornar consciente da necessidade de ser mais autêntico e "deixar de lado" nossa personalidade adaptativa à realidade exterior, entrando em um novo nível de consciência e de um novo, e mais completo, significado para a existência pessoal, emergindo, assim, "com asas". Não é à toa que a psique (a Alma) é representada nas artes com asas de borboleta. Em grego, psykhé significa tanto borboleta quanto alma. Esse livro é sobre esse momento crucial na vida, quando já vivemos bastante no mundo e tomamos consciência de que podemos, através da transformação pessoal, abrir as asas e voar. Não podemos arriscar terminar como a borboletinha que não abriu as asas. Viemos para a vida para viver, e isso pode ser feito em plenitude.

Podemos, assim, pensar na metade da vida como um novo nascimento. Temos nosso nascimento real, nossa chegada ao mundo. Penso em mais alguns nascimentos psicológicos que acontecem ao longo do tempo, e a adolescência é um deles, pois é o primeiro momento em que começamos a nos diferenciar de nossos pais, que nos contaram sobre o mundo e sobre a vida. Por isso é uma fase tão conturbada; além dos processos biológicos de transformações do corpo, psiquicamente é um "verdadeiro parto de si mesmo", de saber se impor e deixar que nossa personalidade comece a emergir. É fato que, no decorrer da vida, outras situações nos desafiam, transformam e engrandecem, mas a chegada à metade da vida é mais um grande marco, com considerável possibilidade de renascimento.

Depois de participarmos do "roteiro" requerido pelo mundo, cumprindo as tarefas exigidas no script, vem o momento, talvez uns dos últimos, para que possamos nascer para quem realmente somos. O chamado vem de dentro, de sintomas, inquietações, desconfortos e insatisfações. Os sintomas vêm de fora – um encontro, uma mudança, uma perda, um ganho, não importa; a vida traz algo que nos permita esse encontro com nós mesmos. E é assim que se dá esse novo nascimento, quando temos a oportunidade de nos diferenciar do que me foi condicionado e finalmente "parir a mim mesmo". Como escreveu a genial Marguerite Yourcenar, no livro Memórias de Adriano: "O verdadeiro lugar de nascimento é aquele em que lançamos, pela primeira vez, um olhar inteligente sobre nós mesmos." No livro, Adriano, ao dizer essa frase, refere-se aos livros e às escolas, mas aqui aprofundamos, visto que estamos falando da inteligência da nossa verdade interior, tão individual e única quanto nossa impressão digital.

Sendo assim, não podemos separar o nascer do morrer. Para que possamos renascer, muitas vezes devemos deixar alguns aspectos morrerem. Para abrir as asas e levantar voo, assim como a borboleta, precisamos nos liberar do casulo e dos pesos desnecessários que carregamos. Essa é a jornada da meia-idade para que avancemos rumo à velhice: vivendo com significado, e não mais performando de acordo com a massa. Não podemos ignorar essa oportunidade de iniciação.

Por enquanto, para iniciar a leitura, deixo vocês com uma frase citada por Joseph Campbell sobre um nativo americano:

"Um pequeno conselho dado a um jovem nativo americano na época de sua iniciação: Quando estiver seguindo o caminho da vida, você verá um grande abismo. Pule. Ele não é tão grande quanto você pensa."

Já não valorizamos mais os ritos de passagem e iniciação como no passado. Contudo, podemos enxergar isso de forma otimista: uma iniciação pode ocorrer a qualquer momento se estivermos presentes e abertos para a vida, principalmente na metade dela. Então: pule.

INFÂNCIA, FAMÍLIA E SOCIEDADE

Já chegamos ao mundo com expectativas projetadas sobre nós. Faz parte do processo da gestação e da parentalidade o fantasiar sobre como será o bebê, que tipo de vida ele terá e que tipo de filhos gostaríamos de ter. Até mesmo nosso nome próprio já vem definido por outras pessoas e refletem desejos, expectativas e história familiar. Enfim, nossa primeira denominação sobre o "eu" vem dos olhos do outro.

Isso não é necessariamente algo ruim, pois somos seres sociais que, durante milhares de anos, sobrevivemos e nos desenvolvemos justamente por causa – e através – desses laços afetivos e sociais. Pesquisas e estudos mostram como o tamanho das regiões cerebrais da amígdala e dos lobos frontal e temporal se correlatam com o tamanho das nossas redes sociais individuais. Isso acontece até mesmo no reino animal: se você criar um único peixe no aquário, as células cerebrais dele serão menos complexas do que de um peixe criado em um grupo. Ou seja, nossos laços são realmente questão de sobrevivência e evolução. Porém, essas mesmas relações são dinâmicas e complexas, e podem nos levar a lugares ruins, de dores relacionais.

Por exemplo, tome-se a dor da rejeição. Após o rompimento de um vínculo, há regiões do cérebro que respondem à dor física e que passam a se revelar. Pessoas isoladas socialmente mostraram ter menos massa cinzenta e branca nas áreas chave de habilidades sociais do cérebro. Assim, rejeição e solidão não são apenas emocional, mas também biologicamente prejudiciais e impactantes para o indivíduo. Se para nós, adultos, é um grande desafio passar por uma situação assim, imagine para uma criança, que é um ser dependente, com um ego e um sistema nervoso em formação. Neste caso a rejeição (principalmente dos pais, ou cuidadores) é considerada insuportável, algo a ser evitado a todo custo. É questão de sobrevivência. A vulnerabilidade do ser humano, experienciada pela criança, não permite que ela sobreviva.

Quando eu era criança, sempre ia para a fazenda do meu avô, e umas das coisas que eu mais gostava de fazer era ver quando um bezerro nascia. Eu pedia para o Sr. Luiz, que cuidava das vacas, vir me avisar quando um nascimento estivesse para acontecer. Quando chegada a hora, ia correndo para a cocheira, para ver aquele momento totalmente incrível. Via a placenta no chão e aquele serzinho que, assim que nascia, ficava sozinho de pé e logo procurava a mãe para amamentá-lo. Presenciei muitos nascimentos, sempre olhando abismada e curiosa para aquele momento. Tenho até algumas fotos reveladas que tiramos algumas vezes. Hoje posso entender a diferença gigante entre um ser humano e esses outros mamíferos. Se, ao nascer, deixarmos o bebê sozinho, apenas com uma mamadeira do lado, ele nunca conseguirá se alimentar sozinho ou se aquecer com uma manta, se estiver frio. É questão de vida ter alguém cuidando, alimentando e, claro, dando afeto.

Na prática, nas famílias essa sensação de segurança se dá por meio de cuidado, carinho e amor compartilhado com a criança. Ao sentir que somos amados, queridos, vistos e aprovados por nossos cuidadores, sentimo-nos seguros, contudo, isso pode nos levar a toda uma poda pessoal. Talvez não deliberadamente, mas instintivamente vamos afastando da nossa personalidade aquela parte de nós que é criticada, repreendida e considerada desagradável a nossos pais. Tudo isso por um motivo: sermos amados, sendo que, biologicamente, o motivo é a sobrevivência. Através do reforço positivo, também conhecido como gestos amorosos, como sorrisos, abraços, olhares de carinho, elogios e aprovação, vamos repetindo as ações que nos trazem essas recompensas amorosas e com elas um senso de pertencimento e conexão, suprimindo, escondendo e reprimindo atitudes, emoções, ideias, pensamentos, que são criticados e desaprovados pelos nossos cuidadores. Afinal, a sensação de rejeição é uma ameaça a nossa vida, pois são nossos vínculos que nos mantêm vivos quando somos bebês e crianças – vulneráveis e dependentes.

Tornamo-nos quem achamos que devemos ser para sermos amados. Devemos ser quem nossos cuidadores querem que sejamos. A maioria de nós foi criado para ser uma criança "boazinha", ou seja, para obedecer, e isso talvez não seja ser autêntico. Autenticidade é agir a partir da sua realidade mais profunda, respeitando os outros, mas respondendo a partir da sua própria verdade. Aprendemos, assim, a suprimir a nós mesmos, pois sentimos que agir a partir da nossa própria verdade não é seguro.

O grande paradoxo de tudo isso é que, como o médico Gabor Maté afirma, ao mesmo tempo que temos essa necessidade de vínculo e apego, temos também uma necessidade inata de autenticidade. Ou seja, precisamos nos conectar, pertencer, ser amados, mas também precisamos apenas genuinamente ser e expressar quem somos, trazer para o mundo nossa singularidade. Essa conexão com nosso eu autêntico é importante para o nosso processo evolutivo como espécie. Um ser humano que esteja conectado com seu corpo, seus desejos e sua percepção de mundo tem mais chance de sobreviver.

A autenticidade é sobrevivência. O que frequentemente acontece, porém, é que essas duas necessidades, no cotidiano familiar durante o período da infância, infelizmente não são compatíveis, já que muitas vezes suprimimos nosso eu autêntico para não "desapontar" os pais. Nossa autenticidade ameaça o vínculo, e para mantê-lo. abrimos mão dela.

Isso cria uma desconexão interna que, mais tarde, faz com que o nosso caminho seja mais voltado para o externo – para o que a sociedade e o mundo querem de mim – do que para o interno – o que eu posso trazer para o mundo e como posso SER nele. Desde a infância e ao longo dos anos, se cumprimos a vida apenas como um "dever" ou como as expectativas dos pais, ou sociais e culturais, podemos perder nossa alma ao longo do caminho.

O vínculo familiar é, de fato, um dos mais determinantes e significativos na construção do nosso EU. Porém, precisamos considerar que apenas a existência do indivíduo em uma sociedade é um fator para condicionamento e modelagem, ou seja, para viver em sociedade, temos que renunciar – e muito – a nossa própria natureza individual. As organizações social e cultural são, em grande medida, supressoras da autenticidade. Estamos constantemente em processo de socialização, internalizando traços culturais de comportamento e consumo, e até a própria compreensão da realidade. Gaston Bachelard, em "A poética do devaneio", dissertou sobre esse movimento: "Empanturramo-la (a criança) de sociabilidade. Preparamo-la para sua vida de homem no ideal dos homens estabilizados. Instruímo-la também na história de sua família. Ensinamos-lhe a maior parte das lembranças da sua primeira infância, toda uma história que a criança sempre saberá contar. A infância – essa massa! – é empurrada no espremedor para que a criança siga direitinho no caminho dos outros."

Esse processo é contínuo, pois é o próprio mecanismo da socialização humana em si. A absorção de conceitos e comportamentos reafirma o pertencimento do indivíduo a um determinado grupo. Estamos novamente no eixo coletivo-individual, voltando à necessidade de expressar nossa autenticidade concomitantemente à necessidade de pertencimento.

James Hollis, analista junguiano, chama de "personalidade provisória" a personalidade que construímos desde a nossa infância até a metade da vida adulta justamente pelo fato de não ser a nossa personalidade profunda e real, mas sim o resultado de uma personalidade que se desenvolveu em torno de demandas. A criança lê o mundo entendendo: o que e como devo ser para ser amado? Do que devo gostar? Que caminho devo seguir para ser reconhecido? Essas são, muitas vezes, a base sobre a qual nos desenvolvemos, estabelecidas sobre instruções que apreendemos sobre como devemos ser e agir no mundo. O que meus pais querem de mim? O que minha escola quer de mim? O que meus amigos querem de mim? O que meu parceiro quer de mim? O que meu trabalho quer de mim? O que a sociedade quer de mim? Será que nossas escolhas foram feitas a partir da nossa natureza ou de exigências exteriores? Parece exaustivo.

Certamente, no meio de tantas solicitações externas, em alguns momentos também deixamos manifestar em nossa vida partes da nossa autenticidade. Mas, no geral, a sensação de procurar ser alguém de acordo com o que vem de fora acaba predominando. "Se olharmos para trás, talvez possamos admitir que talvez tenhamos vivido MENOS através da nossa própria natureza e MAIS através da visão de vida definida por essas demandas." É claro que esse movimento é próprio nosso de adaptação à vida. Adaptamo-nos através do que recebemos do meio para sobreviver, para seguirmos em frente. Essas adaptações são importantes, visto que nos ajudaram nesse caminho, mas, a certa altura da vida, podemos começar a questionar essas respostas, pois muitas delas foram necessárias no passado, mas hoje acabam nos dirigindo para lugares errados. Afinal, somos adultos e não precisamos funcionar através de nossas demandas infantis para sempre. É sempre chegada a hora de contestar e nos desfazer desses ajustes que fizemos a nós mesmos quando precisamos para que não fiquemos presos a eles para sempre.

Por isso, a conscientização e a contestação desse movimento de entender quem somos pode parecer um pouco aterrorizante por envolver o questionamento sobre o nosso EU e tudo que vivemos e acreditamos até hoje.

No livro "O poder do mito", Joseph Campbell fala sobre seguir sua bem-aventurança ao contar sobre uma cena que ele presenciou em um restaurante. Um pai falava para o filho: "Tome seu suco de tomate", e o filho respondia que não queria. Então a mãe interveio: "Não o obrigue a fazer o que ele não quer", então o pai olhou para a mulher e disse: "Ele não pode levar a vida fazendo o que quer... eu nunca fiz nada do que quis em toda minha vida". Campbell diz que esse é um homem que nunca seguiu sua bem-aventurança. Esse termo vem da religião e quer dizer "felicidade completa", uma espécie de beatitude. Essa seria a sensação de alguém que entra em contato com a própria autenticidade e que, como ele mesmo diz, tem o maior privilégio de uma vida: ser você mesmo. "Pondo-se no encalço da sua bem-aventurança, você se coloca em uma espécie de trilha que esteve aí o tempo todo, à sua espera (...), onde quer que você esteja – se estiver no encalço da sua bem-aventurança, estará desfrutando aquele frescor, aquela vida intensa dentro de você o tempo todo."

Apesar de todos os questionamentos, é importante não invalidar nosso caminho e as escolhas que nos trouxeram a quem somos hoje. Nossa história pessoal é nosso tesouro, e precisamos olhar para nossa vida, para o passado, entender que somos a soma dos acontecimentos desse caminho, de nossas origens, nossos ancestrais, nossas escolhas, nossas dores e amores. Assim, devemos estar abertos para interrogar e viver o agora com mais maturidade e autoconhecimento, com um segredo antigo e inerente à consciência humana, como a frase que estava no Oráculo de Delfos, construído em homenagem ao deus Apolo, há alguns milênios: "Conhece-te a ti mesmo."

Podemos dizer que, ao passarmos dos 30 anos, temos mais experiências de vida e estrutura egóica para escutar essa parte nossa que foi negligenciada, que não foi ouvida. A segunda metade da vida tem essa tarefa de nos fazer recuperar esse elemento essencial e original para que, assim, recuperemos a nossa jornada e possamos guiar nosso próprio destino.

A CHEGADA AO MEIO

A chegada na meia-idade é o momento oportuno para fazer essa reflexão e começar o processo de resgate do nosso eu mais profundo e genuíno, que por muitas vezes foi encoberto pelas demandas que vinham de exigências externas. Por isso a importância de reavaliar como o processo de socialização aconteceu e como ainda é algo que nos afasta do nosso "EU natural", com o qual nascemos, e nos impõe o "eu ideal" que construímos. Estamos confortáveis nesse modo de ser? Quase toda vivência de crise na meia-idade é provocada por essa divisão interna entre o "EU" interior e a persona adquirida, desenvolvida para as demandas externas.

Os incômodos, o desconforto e o sofrimento que experienciamos não precisam (e não podem) ser ignorados ou negados. É importante entendê-los como portadores de uma mensagem importante, a de que precisamos olhar com cuidado e curiosidade, sem julgamentos de valor, e com muita atenção. Esses "sintomas" nos trazem notícias de que lá dentro, por baixo dessa personalidade que desenvolvemos, há um eu genuíno, há conteúdos importantes que precisam ser integrados para que sejamos cada vez mais inteiros. Notem que não seremos perfeitos, jamais essa será uma intenção da vida em si, mas sim a completude, a integridade, o reconhecimento de que temos uma essência que precisa ser compreendida, assimilada e vivida.

As indicações de mal-estar podem ser responsáveis por grandes revoluções em nossa vida. Por isso, não se desespere aos sinais de angústia e ansiedade. Para Carl Jung, a neurose e os "sintomas de sofrimento" não devem ser considerados apenas negativos, podendo ser um elemento gerador de saude, pois ao irmos para a psicoterapia e colocá-los no campo da exploração, estamos ampliando nossa consciência, adquirindo mais conhecimento e novas narrativas e saídas para nossa história e nossa personalidade. Os "sintomas de sofrimento" podem ser considerados como um alerta, enviado pelo nosso interior, de que algo não vai bem e que precisamos dar atenção. Normalmente, frente a sintomas como ansiedade ou depressão, prontamente nos consideramos inadequados ou "problemáticos". Não temos essa visão de curiosidade e de esperança: "Algo está autonomamente se manifestando no meu campo emocional. Para que isso está acontecendo? Talvez minha personalidade, minha psique, esteja se comunicando comigo, e dizendo que 'algo em você precisa ampliar, crescer e se desenvolver, algo precisa ser revisto, reavaliado, ressignificado, compreendido de uma outra forma'".

Os sintomas são esses importantes (porém nada fáceis) mensageiros. Em uma de suas cartas, Jung escreveu que, quando um paciente tem sintomas neuróticos, existe esperança, pois eles indicam que o paciente não está inteiramente em si mesmo e existe reparação, crescimento, integração para essa psique. Contudo, aqueles que não têm nenhum sintoma, angústia ou desconforto, esses estão além de qualquer tipo de ajuda. Portanto, podemos lembrar da frase de Nietzsche: "Eu vo-lo digo: é preciso ter um caos dentro de si para dar à luz uma estrela cintilante" para entender que, o que nos parece caos, desequilíbrio, algo negativo, seja, na verdade, um chamado para o nosso desenvolvimento, crescimento e para que nos tornemos cada vez mais autênticos e conscientes sobre nossa existência.

Esse processo não necessariamente é algo violento ou com mudanças bruscas (embora às vezes façam parte do processo), mas exige um auto exame psicológico e emocional (assim como fazemos com o nosso corpo quando vamos a uma consulta médica), e essa ação, por si só, já é revolucionária, e já inicia um movimento que nos volta para dentro.

Curiosamente tendemos a negar, fugir, ignorar ou

tentar mascarar essas indicações quando elas aparecem, mas elas são inegáveis, pois a qualquer hora vão eclodir de alguma outra forma. Por isso, é fundamental que tenhamos a coragem de encará-las e nos perguntar: o que esse sintoma está querendo dizer sobre minha vida? Para que esse sintoma apareceu?

Na metade da vida já experienciamos e vivemos o bastante para conseguir vivenciar e lidar com os desconfortos e ter a coragem de iniciar um processo de auto descoberta para viver, finalmente, da sabedoria que vem de nós. Esse é o momento – o aqui e o agora, após décadas construindo experiências – de reconhecermos que aqui está um chamado para viver essa vida como somos, e que não a que foi configurada pelas expectativas sociais ou de nossa família de origem.

Fazer esse movimento não significa assumir uma postura egoísta ou totalmente auto centrada no mundo. Justamente o contrário, vivemos a serviço do ego por tanto tempo que, chegando a uma certa altura, a força da nossa alma pede por mais protagonismo. Assim, é preciso trazer à tona sua parte essencial e viver de acordo com o olhar para si do que continuar vivendo definido pelo olhar do outro. Sim, fomos moldados pelo outro durante nossa infância e isso foi o que nos fez caminhar para frente, que nos deu a estrutura para "nos jogarmos no mundo". Todavia, certamente no curso da passagem do tempo, essa força interna de auto realização, de expressão pessoal e de vivência genuína vem ganhando força, agitando-se dentro de nós, esperando ser escutada para que nossas vidas tenham mais sentido.

Muito se fala de propósito de vida, mas o sentido desta consiste em sermos nós mesmos e vivermos de acordo com nossa natureza única; é tocar nesse íntimo – e nós sabemos quando isso acontece. Há um fluxo de energia, um envolvimento especial da alma quando estamos seguindo esse caminho. E não se engane, a vida ajuda. A vida tem uma força própria que traz ao campo o que vai nos tocar nesse lugar sagrado. É preciso estar desperto para ver.

Quando falo de viver sua autenticidade, realizar seus desejos anímicos, não estou falando sobre ser um narcisista e deixar tudo ao seu redor de lado ou sobre não se importar com o outro. Falo sobre examinar, questionar, comprometer-se a escutar essa parte profunda de si mesmo e entender quais são os pontos chave do seu ser que precisam se manifestar na sua vida, como o que é inegociável, mudanças e movimentos que devem ser bancados e que são importantes para o seu ser mais verdadeiro.

Ninguém pode encontrar seu caminho a não ser você mesmo, pois você é a única pessoa que sabe verdadeiramente sua história, suas lutas e seus desafios desde o seu nascimento.

Hoje vivemos com uma alta expectativa de vida, temos o dom da longevidade e uma consciência em movimento ascendente. Temos perspectiva. A rigidez, tão característica das relações familiares, assim como o machismo e o autoritarismo que permeavam as famílias estão paulatinamente se dissolvendo. Para gerações passadas, os limites eram bem impostos, e desconfio que isso era, de certa forma, confortante, pois a maioria não ousava ter uma vida diferente das regras apresentadas. Mulheres não tinham escolha, principalmente em relação ao casamento, e muito poucas tinham a oportunidade de ir atrás de uma profissão que as satisfizesse para além da maternidade. A religião também indicava certo caminho a ser seguido, tirando do indivíduo muitas oportunidades de escolha. Era muito arriscado e complicado seguir por outra direção, além de ser "proibido" ir atrás dos anseios da alma. Havia uma satisfação aparente por parte da população, mas era apenas superficial. Talvez um conformismo, pois na história da humanidade, perante todas as condições exteriores, a alma, internamente, sempre uivou. E seguindo a alma, e muitas vezes contrariando o status quo, grandes obras foram escritas, injustiças foram confrontadas e descobertas revolucionárias foram alcançadas.

Hoje, podemos sim, diferenciar-nos de nossos pais e ter valores e objetivos diferentes dos outros membros da família (mesmo que ainda seja conflituoso, afinal temos o direito de ser únicos). Podemos começar e recomeçar tanto relacionamentos quanto profissões. Temos essa grande liberdade, visto que o mundo talvez já não seja tão "preto no branco". Estamos aprendendo a enxergar a tonalidade que existe entre os extremos e podemos nos movimentar através delas. Precisamos nos permitir.

Psiquicamente, nessa fase da vida temos a ânsia de trazer nossa essência ao mundo, realizar nossas vocações e, como vimos no capítulo anterior, viver nossa bem-aventurança. "Bem-aventurança" é um termo para traduzir a frase de Joseph Campbell: "Follow your bliss". Porém, não acredito que esse vocábulo nos inspira tanto, pois não somos muito familiarizados com ele. Bem-aventurança vem de um sermão bíblico e significa "muito feliz". É um termo muito bonito que é citado muitas vezes na bíblia, contudo, neste livro considerarei a tradução do termo "bliss" de outra forma. Existem muitas possibilidades para melhor entender a frase "follow your bliss", que aqui cabem:

"Siga seu arrebatamento. Siga seu encantamento. Siga o chamado. Siga o fascínio. Siga o entusiasmo. Siga seu coração. Siga sua essência."

Você pode. Você deve. Você é feito disso. Não é tarde. A metade da vida é iniciática. Estar conectado com essa parte da vida é o que nos encaminha para a felicidade. Essa palavra também me soa um tanto ampla e banalizada, mas é um dos nortes da nossa vida. O segredo é seguir o que nos traz significado e, assim, momentos de alegria virão.

A felicidade é um produto do significado que sua alma experimenta na vida. E, para isso, temos que nos permitir cumprir as suas exigências. Se formos corajosos o suficiente, começaremos a perceber o chamado, já que a metade da vida traz uma consciência maior e pulsante. Se pudermos parar e prestar atenção em nossos processos, escutaremos esse ímpeto, que é o chamado da alma, do que ela precisa viver e do que ela precisa trazer ao mundo, expressar e experimentar.

Para esse segundo momento da vida, de transformação do nosso ser externo para o ser interno, muito provavelmente não sem dores, percebemos que provavelmente a atitude mantida até agora não pode continuar a mesma. É hora de se resgatar. Guimarães Rosa disse: "O que a vida quer de nós é coragem", sendo a etimologia dessa palavra um tanto emblemática: do latim coraticum, termo composto pela raiz COR, que significa coração, seguida do sufixo -ATICUM, que é empregado para indicar uma ação. Então, a coragem é a "ação do coração", e precisamos dela para adereçar a vida não vivida, que pede por atenção dentro da gente. Outra palavra que se relaciona com a coragem é "recordar". O prefixo RE- significa "de nóvo", e a raiz

CORDIS, ou cor, já sabemos que significa coração, ou seja, "passar novamente pelo coração". Então, esse é o momento de recordar a sua vida e o que você já viveu com coragem; e como as duas palavras nos dizem, principalmente, com o coração.

Examinar a vida, seu caminho, suas escolhas e sua jornada com o coração, pois nossa intenção não é fazer um julgamento de valor, atacar a si próprio, nem se vitimizar pelo caminho que sua vida tomou. A trilha percorrida deve ser validada, honrada e devidamente examinada pelo viés do coração na tarefa de compreender como essa se deu, de que lugar suas escolhas foram feitas, de onde vieram suas decisões e, se necessário (que provavelmente será), a partir de agora, comprometer-se com seus processos conscientes e inconscientes, que revelam um saber importante sobre quem se é. Ter interesse em seguir o chamado da dimensão mais profunda, genuína e original do seu ser para que ela possa se manifestar no mundo em suas ações, escolhas e conquistas nessa meia-idade, a idade preciosa para a realização e a expansão do nosso ser.

Além disso, devemos sempre considerar que estamos retornando a nossa essência, cada um como um ser misterioso e único, com pleno direito e com a tarefa de exercer a nossa própria raridade. Somos raros, temos um centro interior extraordinário com o qual podemos nos conectar.

Então, de repente chegamos. 35, 40, 45 anos. A famosa e caricata meia-idade arquetípica. Como já disse, iniciática. Todos, ao longo de sua existência, têm esse encontro com a sensação de ter percorrido um grande caminho e começar a avistar o destino final. Talvez nossa crença de que "fiz tudo certo até aqui" nos dê um incômodo, pois nos perguntamos "por que não me sinto feliz?", "por que não estou satisfeito?", " sinto que há coisas que preciso viver", entre outras questões, muitas vezes não tão claras, que aparecem quase como um zumbidinho no nosso ouvido, tentando chamar nossa atenção.

Seguimos uma promessa ingênua de que, somente se seguirmos um script estabelecido pela sociedade, família e cultura é que "venceríamos na vida". Porém, na realidade as coisas são diferentes, e nosso eu profundo e original nos convida a agir para que possa finalmente chegar ao mundo.

Assim, desenvolvendo uma intimidade com nós mesmos e com nossas questões pessoais, essa passagem se torna um convite a ressignificar a própria vida enquanto há tempo de, finalmente, poder exercer a plenitude do eu. Não como um "ser iluminado", entenda, mas como um ser humano real, com sua trajetória e suas feridas, com um conhecimento de si que nos leva a nos conectar mais profundamente com todos ao nosso redor e com a própria vida. Um ser humano completo.

Isso significa se deparar com perguntas "hollianas", como: quem sou eu além dos papéis que represento? Somos pais, mães, maridos, chefes, subordinados? Projetamos nossa identidade nesses papéis, mas quem sou eu além disso? Quem é esse eu que se formou encoberto pelas pressões familiares, escolares e culturais? São perguntas importantes com respostas não tão evidentes nem tão simples, mas que, ao fazê-las, estamos nos afastando um pouco mais de uma existência de condicionamento social e frivolidade. Assim, reconsiderar a vida nessa posição de maturidade da meia-idade é um grande privilégio, pois ela tem esse movimento autônomo em direção à realização, e não podemos perder esse barco.

Na prática, como isso pode acontecer? Muitas vezes a "crise" de passagem da meia-idade não vem abruptamente, mas sim de pequenas insatisfações e desconfortos que vão se instaurando. Na maioria das vezes, estes são ignorados por um ego que preza pela segurança e pelo controle acima de tudo. Porém, a natureza indomável do movimento da vida não se importa com os desejos do ego. Eventos podem acontecer. Uma separação, um novo encontro, uma perda, um acidente, uma doença, um novo trabalho, uma falência, uma viagem. Todas essas situações podem nos abrir a uma nova consciência, uma urgência de revisar a vida e o que queremos do futuro; futuro esse que agora enxergamos um pouco mais de perto, a nossa finitude. Em contrapartida, às vezes, os sintomas vêm sorrateiros pedindo nossa atenção, e se estivermos com nosso sistema muito no automático ou na defesa, acabaremos por sufocá-los como um mecanismo ineficaz de repressão. Podemos ingenuamente achar que "nos livramos deles" quando, na verdade, sabemos que o que não enfrentamos conscientemente não some, não acaba, apenas se manifesta em forma de comportamentos repetitivos e expressões somáticas no corpo, como vícios e compulsões, ou seja, irá se manifestar de alguma forma na vida particular, mas também serão projetados na vida dos que convivem conosco.

Algo que faz toda diferença nesse processo é cultivar a curiosidade. Abdicar do julgamento e se manter curioso. Precisamos ser observadores no que se refere ao nosso sofrimento, estar dispostos a investigá-lo e integrá-lo para que possamos seguir mais conscientes quanto ao movimento e às vontades de nossa alma. Até porque nossos sofrimentos e dores são inevitáveis, é parte da vida, além de, muitas vezes, servirem de guias para o nosso próprio crescimento.

Sem a curiosidade, em uma postura passiva ou de amortecimento, eles continuam lá. Um sofrimento não se desfaz magicamente. O pensamento mágico é característico da infância, enquanto, enfim, como adultos, precisamos do pensamento mais realista, da capacidade de colocar as coisas em perspectiva, desenvolver uma visão sobre a trajetória passada e a futura. Afinal, ao chegarmos a esta altura, provavelmente já passamos por experiências que nos desorganizaram, por perdas, desilusões e medos, além de termos experimentado de nossas próprias fraquezas, dúvidas e vivenciamos nossas próprias limitações. Com sorte, depois de tantas experiências, conseguimos chegar à conclusão de que não sabemos de tudo ou que talvez não tenhamos tanta certeza assim sobre a nossa própria jornada.

Dessa forma, é necessário começar esse exame de consciência de um lugar de humildade, saindo da inflação e da presunção egóica que diz que sabe tudo. O questionamento é um início, uma ferramenta que pode, no começo, ajudar a desfazer a casca da personalidade provisória e conduzir-nos ao cerne de nós mesmos.

Não é tarefa fácil, pois existem grandes resistência e dificuldade no ser humano em lidar com a mudança. Geralmente resistimos o quanto podemos aos finais de ciclos, ao desapego e ao movimento, mesmo sabendo que é a natureza da vida. Somos processo, rio fluindo, então podemos (devemos) mudar.

Portanto, frente ao questionamento de "quem sou eu e o que quer se manifestar no mundo através de mim?" e ao exame de nossa trajetória, é bem possível que o controle e o medo se instaurem nas artimanhas do ego. Para isso, é preciso ter a coragem de apenas olhar, apesar das defesas naturais e da dificuldade de "olhar a verdade nos olhos" e agir de acordo com esse caminho. Hábitos, crenças, relacionamentos e parte do nosso eu talvez precisem ser desconstruídos. O que é verdade em mim e o que desenvolvi unicamente para me adaptar e que sigo performando? Isso não é tarefa fácil, muito menos prazerosa.

Há uma imagem mítica que posso usar para ilustrar esse processo. A busca da verdade pessoal está atrelada à busca de sentido, e está longe de se dar em apenas um insight ou em "um estalar de dedos". É um grande processo, cheio de provas, tarefas, investigações e confrontos. Uma grande exploração e reflexão, acompanhada de emoções e, principalmente, de um desejo genuíno de encontrá-la e vivê-la.

Trago aqui o mito de Eros e Psique, no qual uma das chaves de interpretação (entre muitas) nos remete à busca do sentido da vida, à coragem de encarar a verdade. Essa história está inserida na obra de Lucius Apuleius "O asno de ouro" (originalmente "Metamorfoses"). O autor nasceu em Madaura, no norte da África (uma colônia romana) no século 2. O interessante é que, dentro da obra de Apuleius, o conto de Eros e Psique é uma história dentro de outra história. Uma mulher está desesperada pois fora raptada e uma senhora, matrona do grupo de salteadores, resolve contar uma história para acalmá-la. Aqui já vemos a função que sempre se encontra por detrás de todos os contos do universo das narrativas que é, entre outras, a de compreender o mundo e nos mostrar caminhos diante das situações que vivemos através da identificação com as situações, muitas delas arquetípicas, com as quais nos deparamos durante a vida. Enfim, vamos a Eros e Psique – o mito tem inúmeras variações, então tratamos aqui de uma versão mais curta, mas com a essência para sua compreensão.

"Psique era a mais nova de três filhas de um rei de Mileto e era extremamente bela. Sua beleza era tanta que pessoas de várias regiões iam admirá-la, assombrados, rendendo-lhe homenagens que só eram devidas à própria Afrodite. Profundamente ofendida e enciumada, Afrodite enviou seu filho, Eros, para fazê-la apaixonar-se pelo homem mais feio e vil de toda a terra. Porém, ao ver sua beleza, Eros apaixonou-se profundamente. O pai de Psique, suspeitando que, inadvertidamente, havia ofendido os deuses, resolveu consultar o oráculo de Apolo, pois suas outras filhas encontraram maridos e, no entanto, Psique permanecia sozinha. Através desse oráculo, o próprio Eros ordenou ao rei que enviasse sua filha ao topo de uma solitária montanha, onde seria desposada por uma terrível serpente. A jovem, aterrorizada, foi levada ao pé do monte e abandonada por seus parentes e amigos. Conformada com seu destino, Psique foi tomada por um profundo sono, sendo, então, conduzida pela brisa gentil de Zéfiro a um lindo vale. Quando acordou, caminhou por entre as flores, até chegar a um castelo magnífico. Notou que lá deveria ser a morada de um deus, tal a perfeição que podia ver em cada um dos seus detalhes. Tomando coragem, entrou no deslumbrante palácio, onde todos os seus desejos foram satisfeitos por ajudantes invisíveis, dos quais só podia ouvir a voz. Chegada a escuridão, foi conduzida pelos criados a um quarto de dormir. Certa de que ali encontraria, finalmente, o seu terrível esposo, começou a tremer quando sentiu que alguém entrara no quarto. No entanto, uma voz maravilhosa a acalmou. Logo em seguida, sentiu mãos humanas acariciarem seu corpo. A esse amante misterioso ela se entregou. Quando acordou, já havia chegado o dia e seu amante havia desaparecido. Porém, essa mesma cena se repetiu por diversas noites. Enquanto isso, suas irmãs continuavam à sua procura, mas seu esposo misterioso a alertou para não responder aos seus chamados. Psique, sentindo-se solitária em seu castelo-prisão, implorava ao seu amante para deixá-la ver suas irmãs. Finalmente ele aceitou, mas impôs a condição de que, não importando o que suas irmãs dissessem, ela nunca tentaria conhecer sua verdadeira identidade. Quando suas irmãs entraram no castelo e viram aquela abundância de beleza e maravilhas, foram tomadas de inveja. Notando que o esposo de Psique nunca aparecia, perguntaram maliciosamente sobre sua identidade. Embora advertida por seu esposo, Psique viu a dúvida e a curiosidade tomarem conta de seu ser, aguçadas pelos comentários de suas irmãs. Seu esposo alertou-a que suas irmãs estavam tentando fazer com que ela olhasse seu rosto, mas se assim ela fizesse, ela nunca mais o veria novamente. Além disso, ele contou-lhe que ela estava grávida, e que se ela conseguisse manter o segredo, ele seria divino, porém, se ela falhasse, ele seria mortal. Ao receber novamente suas irmãs, Psique contou-lhes que estava grávida e que sua criança seria de origem divina. Suas irmãs ficaram ainda mais enciumadas com sua situação, pois além de todas aquelas riquezas, ela ainda era a esposa de um lindo deus. Assim, trataram de convencer a jovem a olhar a identidade do esposo, pois se ele estava escondendo seu rosto, era porque havia algo de errado com ele. Ele realmente deveria ser uma horrível serpente, e não um deus maravilhoso. Assustada com o que suas irmãs disseram, escondeu uma faca e uma lâmpada próximo à sua cama, decidida a conhecer a identidade de seu marido; e se ele fosse realmente um monstro terrível, matá-lo. Ela havia esquecido dos avisos de seu amante, de não dar ouvidos a suas irmãs. À noite, quando Eros descansava ao seu lado, Psique tomou coragem e aproximou a lâmpada do rosto de seu marido, esperando ver uma horrenda criatura. Para sua surpresa, o que viu, porém, deixou-a maravilhada. Um jovem de extrema beleza estava repousando com tamanha quietude e doçura que ela pensou em tirar a própria vida por haver dele duvidado. Enfeitiçada por sua beleza, demorou-se admirando o deus alado. Não percebeu que havia inclinado de tal maneira a lâmpada que uma gota de óleo quente caíra sobre o ombro direito de Eros, acordando-o. Eros olhou-a assustado, e voou pela janela do quarto, dizendo: 'Tola Psique! É assim que retribuis meu amor? Depois de haver desobedecido as ordens de minha mãe e te tornado minha esposa, tu me julgavas um monstro e estavas disposta a cortar minha cabeça? Vai. Volta para junto de tuas irmãs, cujos conselhos pareces preferir aos meus. Não lhe imponho outro castigo além de deixar-te para sempre. O amor não pode conviver com a suspeita.'. Quando se recompôs, notou que o lindo castelo à sua volta desaparecera e que se encontrava bem próxima da casa de seus pais. Psique ficou inconsolável. Tentou suicídio atirando-se em um rio próximo, mas suas águas a trouxeram gentilmente para sua margem. Foi então alertada por Pan para esquecer o que se passou e procurar novamente ganhar o amor de Eros. Por sua vez, quando suas irmãs souberam do acontecido, fingiram pesar, mas partiram, então, para o topo da montanha, pensando em conquistar o amor de Eros. Lá chegando, chamaram o vento Zéfiro para que as sustentasse no ar e as levasse até Eros. Mas, Zéfiro desta vez não as ergueram no céu e elas caíram no despenhadeiro, morrendo. Psique, resolvida a reconquistar a confiança de Eros, saiu à sua procura por todos os lugares da terra, dia e noite, até que chegou a um templo no alto de uma montanha. Com esperança de lá encontrar o amado, entrou no templo e viu uma grande bagunça de grãos de trigo e cevada, ancinhos e foices espalhados por todo o recinto. Convencida que não devia negligenciar o culto a nenhuma divindade, pôs-se a arrumar aquela desordem, colocando cada coisa em seu lugar. Deméter, para quem aquele templo era destinado, ficou profundamente grata e disse-lhe: 'Ó, Psique, embora não possa livrá-la da ira de Afrodite, posso ensiná-la a fazê-lo com suas próprias forças: vá ao seu templo e renda a ela as homenagens que ela, como deusa, merece'. Afrodite, ao recebê-la em seu templo, não escondeu sua raiva. Afinal, por aquela reles mortal, seu filho havia desobedecido suas ordens e agora ele se encontrava em um leito, recuperando-se da ferida por ela causada. Como condição para o seu perdão, a deusa impôs uma série de tarefas que deveria realizar, tarefas tão difíceis que poderiam causar sua morte. Primeiramente, deveria, antes do anoitecer, separar uma grande quantidade de grãos misturados de 3 trigo, aveia, cevada, feijões e lentilhas. Psique ficou assustada diante de tanto trabalho; porém, uma formiga que estava próxima ficou comovida com a tristeza da jovem e convocou seu exército a isolar cada uma das qualidades de grão. Como 2ª tarefa, Afrodite ordenou que fosse até as margens de um rio, onde ovelhas de lã dourada pastavam, e trouxesse um pouco da lã de cada carneiro. Psique estava disposta a cruzar o rio quando ouviu um junco dizer que não atravessasse as águas até que os carneiros se pusessem a descansar sob o sol quente, quando ela poderia aproveitar e cortar sua lã. De outro modo, seria atacada e morta pelos carneiros. Assim feito, Psique esperou até o sol ficar bem alto no horizonte, atravessou o rio e levou a Afrodite uma grande quantidade de lã dourada. Sua 3ª tarefa seria subir ao topo de uma alta montanha e trazer para Afrodite uma jarra cheia com a água escura que jorrava de seu cume. Dentre os perigos que Psique enfrentou estava um dragão, que guardava a fonte. Ela foi ajudada nessa tarefa por uma grande águia, que voou baixo, próximo à fonte, e encheu a jarra com a negra água. Irada com o sucesso da jovem, Afrodite planejou uma última, porém fatal, tarefa. Psique deveria descer ao mundo inferior e pedir a Perséfone que lhe desse um pouco de sua própria beleza, que deveria guardar em uma caixa. Desesperada, subiu ao topo de uma elevada torre e quis atirar-se para, assim, poder alcançar o mundo subterrâneo. A torre, porém, murmurou instruções de como entrar em uma particular caverna para alcançar o reino de Hades. Ensinou-lhe ainda como driblar os diversos perigos da jornada, como passar pelo cão Cérbero e deu-lhe uma moeda para pagar a Caronte pela travessia do rio Estige, advertindo-a: 'Quando Perséfone lhe der a caixa com sua beleza, toma o cuidado, maior que todas as outras coisas, de não olhar dentro da caixa, pois a beleza dos deuses não cabe a olhos mortais'. Seguindo essas palavras, conseguiu chegar até Perséfone, que estava sentada imponentemente em seu trono, e recebeu dela a caixa com o precioso tesouro. Tomada, porém, pela curiosidade em seu retorno, abriu a caixa para espiar. Ao invés de beleza havia apenas um sono terrível que dela se apossou. Eros, curado de sua ferida, voou ao socorro de Psique e conseguiu colocar o sono novamente na caixa, salvando-a. Lembrou-lhe novamente que sua curiosidade havia novamente sido sua grande falta, mas que agora podia apresentar-se à Afrodite e cumprir a tarefa. Enquanto isso, Eros foi ao encontro de Zeus e implorou a ele que apaziguasse a ira de Afrodite e ratificasse o seu casamento com Psique. Atendendo seu pedido, o grande deus do Olimpo ordenou que Hermes conduzisse a jovem à assembleia dos deuses e a ela foi oferecida uma taça de ambrosia. Então com toda a cerimônia, Eros casou-se com Psique, e no devido tempo nasceu seu filho, chamado Voluptas (Prazer)."

Podemos falar de Eros como o amor. Para Hesíodo, em sua Teogonia ele era uma divindade primordial. Eros era filho do Caos juntamente com Gaia e Tártaro. Aqui Eros tinha uma dimensão cósmica de uma força unificadora que harmoniza a desordem inicial, uma força essencial de atração, a força original do mundo. Depois, Eros foi personificado como o deus do amor, também conhecido como Cupido (latim). O termo Psique foi eternizado como "alma" e também foi amplamente utilizado na filosofia e na psicologia. Etimologicamente, psique vem do verbo psykhé, significando "soprar ou respiração". Sopro vital. Estamos aqui entre o Amor e a Alma.

No mito podemos pensar o "acender a luz" como iluminar, ter uma nova e mais clara visão sobre o que antes era escuro, um despertar, um descobrimento. Ter coragem de olhar a verdade, de assumir o risco da busca, de assumir as consequências desse ato. Uma vez que elevamos nossa consciência, é impossível voltar a um patamar anterior. Ao ter a coragem de acender o fogo da lamparina, ela pode ver a sua própria força e essência, seu poder que é a sua verdadeira personalidade. Psique é perturbada por uma dúvida, provocada pelo externo (suas irmãs) e tem a coragem de acender a luz para olhar nos olhos o que lhe causava medo e insegurança. Ao iluminar sua busca, ela entra em um novo nível de vida, pois antes estava em uma etapa mais superficial desta, sem questionar, mais passiva, sendo conduzida pelos eventos externos.

A partir do acender do fogo, fez-se uma luz. A vida se aprofunda e temos uma série de provações e tarefas, mas passar por tudo isso amplia fortemente o que há em seu interno. Quando Pan sugere a Psique ir atrás de Eros e inicia essa jornada, ela percebe que está sozinha, pois não há mais pai, mãe ou irmãs para ajudá-la. Essa é uma verdade que grita na metade da vida: precisamos reconhecer que não há um resgate e que já não podemos voltar a um estágio anterior de caminhada. Temos que nos engajar na busca de nosso próprio crescimento. Além disso, no mito entendemos que, quando precisamos, podemos contar com a ajuda da natureza, pois a vida está nos impulsionando e sempre nos amparando e movimentando em sentido ascendente. Podemos, assim, contar com a incrível resiliência que a natureza humana traz ao mundo. Somos ajudados. Em todas as tarefas, Psique teve uma ajuda preciosa. Podemos confiar na vida. Podemos buscar o sentido da vida, nossos verdadeiros desejos, quem realmente somos. Existe o amparo da própria jornada nessa trajetória.

A primeira tarefa diz respeito à separação. Separar os grãos, assim como precisamos, a certa altura, parar para refletir e retirar o que é dos outros. Diferenciar-se dos pais, do que me foi instruído e discernir sobre o que somos em essência do que nos é apresentado pelo mundo, pela sociedade. É questão de discernir entre nossa voz interior e a voz coletiva, cheia de demandas. A segunda tarefa diz respeito a enfrentar o outro, as ovelhas ferozes. Com a ajuda de uma árvore, psique entende que o confronto imediato seria desastroso. Precisamos de tempo e calma para resolver nossos conflitos, e mesmo que o outro fique irado, não devemos desistir de ser quem somos. É necessário entender que, mesmo em situações desafiadoras, existe um lado luminoso, "que reluz como ouro" e que podemos acessá-lo.

A terceira prova consiste em pegar a água da fonte no topo de uma montanha guardada por dragões. Diz-se que essa fonte também dava origem ao rio

Estige, um rio poderoso e profundo sobre o qual os juramentos feitos eram inquebráveis. Este forma uma fronteira entre o submundo e o mundo dos vivos. Nessa tarefa entramos na questão da profundidade, da conquista dessa fonte interna, verdadeira e profunda que, como o mito nos conta, pode ser alcançado com uma ajuda especial. Aqui vemos a águia como uma ajuda espiritual, ajuda essa que não é do campo do esforço físico, mas sim do campo sutil, do espírito, que eu associo ao processo terapêutico. O terapeuta auxilia quando chegamos perto de tocar nossa fonte e nos ajuda a buscar um pouco dessa água mágica, que vem do nosso eu original. A quarta tarefa parece ser a mais amedrontadora de todas. Psique tem que descer ao mundo dos mortos e pegar um pouco da beleza de Perséfone. Eis, então, temos aquele momento que exige coragem: de descer até nossos medos antigos, empurrados para o fundo da nossa alma. E não só os medos, como tesouros, beleza e riquezas também. Além de serem deuses do submundo, Hades e Plutão (em Roma) são também, deuses da riqueza, afinal estão no subterrâneo. E é lá onde estão os metais e minerais preciosos. A descida aos infernos nos mostra que existe beleza na sombra, mas existe, também, auxílio. Mais uma vez Psique é ajudada.

Fazendo esse caminho, conhecemos uma parte nossa que precisa ser enfrentada e integrada, tanto nossas belezas, como nossas angústias. Está tudo lá, onde não queremos olhar. É um momento de morte e renascimento do nosso eu em que, ao final, essa coragem e busca, essa luz que se acende iluminando quem somos, nossa caminhada, sempre trazem a integração, esse mecanismo importante para que possamos viver mais inteiros, assimilar os nossos aspectos que estão no inconsciente (submundo) com nossa consciência. O encontro de Eros e Psique no final do mito é o sentido da vida, em que há a integração entre a nossa verdade e quem aprendemos a ser. Amor. Eis o que completa a alma.

Essa integração é a base motor, e vemos também na trajetória do monomito – jornada do herói – uma história que se repete ao redor do mundo, sempre com vestes diferentes, de acordo com cada cultura, mas onde a essência mítica é sempre a mesma. Campbell afirma: "A jornada do herói representa a coragem de procurar as profundezas; a imagem do renascimento criativo; o eterno ciclo de mudanças dentro de nós; a misteriosa descoberta de que o buscador é o próprio mistério que ele busca conhecer. A jornada do herói é um símbolo que, no sentido original do termo, liga duas ideias distantes: a busca espiritual dos antigos com a moderna procura de identidade, sempre a mesma história que encontramos, sob formas mutáveis e, no entanto, maravilhosamente constante" – Joseph Campbell– (O herói de mil faces).

A jornada também acontece em nossa esfera pessoal. Transformamo-nos, de seres comuns, em heróis e heroínas da própria existência, passando por provações, tarefas e pela noite escura da alma no interior de nós mesmos, mas, no final, retornamos à casa maiores, como seres integrados. Esse retorno, o ciclo completo, o superpoder de entender a sua própria aventura, a sua própria vida, a transformação da consciência, em tudo isso Joseph Campbell estudou e conheceu em diferentes culturas e entendeu o que tinham em comum: as narrativas têm uma simbologia estruturalmente muito parecidas. Essa estrutura está tanto na história de Jesus Cristo – ou Buda – até Luke Skywalker e Harry Potter.

A jornada do herói também nos conta sobre alguém que levava uma vida comum, como Psique antes de buscar a verdade, uma vida mais ingênua e mais superficial, inserida na automaticidade da sociedade. Então vem o chamado. Na nossa chave de interpretação podemos interpretar o chamado como sintomas, angústias, como o questionamento e como a chegada de algo novo, um encontro, e até mesmo uma doença, ou uma perda. Pode ser também a chegada de algo desafiador, algo que nos atrai ou que nos desperta. Há o sentimento de que algo falta nas experiências "normais" vividas de acordo com os membros da sociedade, ou a sensação de que o velho eu não me serve mais.

Diante disso, o que pode acontecer é a recusa do chamado, e percebe-se em algumas narrativas que o herói tem medo de segui-lo. Existe, como antes apresentado, um enorme receio de deixar uma vida, um script social, o status quo. Quem se paralisa diante desse medo e não segue essa intimação interna para aventurar-se na aventura de ser quem se é, de seguir seus próprios e profundos desejos, são aqueles que ficaram na famigerada "zona de conforto", que, na maioria das vezes, é bem desconfortável. Esse correrá o grande risco de ter coragem para partir para essa aventura tarde demais, já no fim da vida, em que a autenticidade não vivida grita aos ouvidos e coração.

Já os heróis que escutam e seguem o chamado, assim como Psique, têm também um auxílio sobrenatural. No monomito existe a mensagem de que somos amparados nessa busca, de que podemos contar com a natureza, com um mentor, uma força, ou até mesmo um conselho, ou seja, podemos – e devemos – contar com a vida. Como terapeuta, posso associar essa etapa com a psicoterapia. Para atravessar a jornada, o psicoterapeuta está lá para explorar esse processo junto com o outro, dando confiança e suporte e somando forças para aceitar o desafio.

Após, chega o momento chamado de "travessia do primeiro limiar", em que cruzamos os limites do nosso "mundinho" para um mundo maior, para experiências desconhecidas e novas descobertas. A partir daí, a jornada rumo a nossa própria história se enche de provas, desafios e obstáculos.

Normalmente aqui vem o questionamento da escolha, dessa movimentação. Seguimos em frente. Então, chegamos à etapa "ventre da baleia" ou "caverna secreta", pois, nas narrativas como a de Jonas (esteve dentro da baleia e, quando saiu, estava transformado), Jesus (que, após três dias na caverna, renasceu), ou nossa experiência de termos sido gestados no útero materno. Nesse momento, em um intervalo de mundo, passamos por uma metamorfose. É o ponto mais baixo da jornada, afinal, temos que descer às profundezas algumas vezes. É onde o herói é jogado no desconhecido. Muitas vezes encontra-se aí a temática de morte e renascimento. Psique também desce e passa por provações no mundo dos mortos. Logo, mergulhar no inconsciente, descobrir o que estava escondido, entender nossa parte sombria e nossos processos que não estão na consciência. O mergulho mais profundo leva à ascensão da consciência, à transformação do ser e a descobertas preciosas. Precisamos ter consciência dos aspectos que negamos ou rejeitamos em nós a fim de integrá-los, assimilá-los, incorporá-los e, assim, ter a transformação e ampliação de quem somos.

Após passarmos pelas provações, sabendo que somos auxiliados pela natureza, pela força da vida e ao entramos na caverna escura e integrarmos a totalidade do que somos, vamos nos transformando em nós mesmos. Deixando pelo caminho tudo o que não é essencial, e que outros dizem que "sou eu".

Como Campbell diz, ao matar o dragão do "tu deves" nos purificamos, chegando ao fim da jornada (que é cíclica) como, enfim, nós mesmos.

Na vida real nada precisa ser brusco. Nosso caminho pode ser trilhado com sutileza e sabedoria, mas é preciso ter a valentia e a disponibilidade para investigar nossa vida e nos colocar em movimento de auto descoberta, que traz a liberdade do seu ser. Quem não deseja mudar pode estar fadado a uma existência "robótica". Já quem permite a mudança é recompensado com novas vivências, relações e com o descobrimento da sua própria magia interior.

Quem escolhe ser servil das expectativas alheias acaba pagando um preço alto demais. Tolstoy escreveu sobre alguém que dedicou sua vida à corrida incessante das metas externas e acabou negligenciando sua própria alma.

Em "A morte de Ivan Ilyich", publicado em 1886, ele narra a história desse homem que alcançou um cargo alto nas posições sociais, sendo um importante juiz em São Petersburgo. Além disso, teve um "bom" casamento, conviveu com amigos bacanas, morava em uma boa casa e em uma boa vizinhança. É um homem comum, que seguiu as instruções sociais e subiu as escadas da carreira. Certo dia, ele sente uma dor no corpo e se vê diante de uma doença terminal. A partir disso, segue-se uma narrativa um tanto doída de se acompanhar. Ivan Ilyich está morrendo. Acompanhamos seu sofrimento físico e suas novas limitações, mas o que acaba vindo à tona através dessa situação é seu sofrimento psicológico. A doença traz uma lucidez até então não vivida: é o momento de surgimento de uma nova consciência, um aprofundamento e uma reavaliação da vida que lhe dói como algo fútil e raso e, à medida que a doença vai piorando, ele vê que se encaixa cada vez menos nela, com seus amigos e familiares.

O protagonista revê sua vida sentindo a mesquinhez de nunca ter vivido para si mesmo, seguindo um caminho pré-estabelecido por outros. Ele caminhou nessa existência adaptativa e sem sentido profundo, correspondeu a expectativas sociais e teve uma vida padronizada.

A certa altura do texto, Tolstoy escreve: "A vida de Ivan Ilyich era das mais simples, das mais vulgares e, contudo, das mais terríveis." É isso que o protagonista percebe no leito de morte: o peso inenarrável de não ter vivido uma vida autêntica e completa de significado, de não ter seguido o caminho de um coração e sim o caminho de uma massa; o peso das aparências e das expectativas de outrem. E, enquanto ele morre, percebe que o mundo continua assim, nesse mesmo contexto, bastante indiferente. A família e os amigos se mostram sem profundidade e conexão, pensando na mudança de posição social que sofrerão ou na situação do cargo de trabalho, que ficará vago na ausência de Ivan. Dessa forma, entende que foi ele mesmo quem criou essa vida vazia e superficial. Apesar de ter seguido todo o compromisso e as exigências de uma vida "certa", rotineira e padronizada, ele só foi verdadeiramente feliz durante sua infância e nesses últimos momentos de vida, em que, como em uma redenção, ele consegue alcançar essa nova consciência através de todo sofrimento. A lição que fica é a de que talvez não tenhamos uma segunda chance, então não podemos nos dar ao luxo de esperar o sofrimento chegar para começar a fazer as perguntas importantes. Nunca é cedo demais para encará-las.

Por mais que tenhamos tido uma infância amorosa, pais que nos escutaram, que nos deram liberdade e carinho, ainda assim houve certas situações em que tivemos que nos adaptar, principalmente em relação à cultura e à sociedade. Mesmo em lares funcionais e amorosos, ainda assim nos deparamos com momentos em que buscamos nos adaptar para sermos mais amados, na tentativa de sermos olhados com amor e orgulho dos pais. Todos nós percorremos esse caminho na Metanoia, de voltar-se para dentro de si na segunda metade da vida, buscando a vivência e a integração dos diferentes aspectos da nossa personalidade. Portanto, mesmo que sua experiência tenha sido segura, feliz e satisfatória, saiba que ainda há descobertas a serem feitas, certezas a serem questionadas e valores a serem reavaliados. É importante trazer a dialética para essas afirmações, resgatar partes nossas que foram negadas por acharmos outrora inadequadas e integrar tudo isso. É se apropriar de quem se é, esse, sim, é o verdadeiro sentido do crescer e se desenvolver.

É entender que podemos sonhar com o futuro, construir nossa vida baseados em nossa verdadeira natureza, gerar a nós mesmos, criar a nós mesmos, e assim como escreveu Gabriel Garcia Marquez em "Cem Anos de Solidão": "(...) os seres humanos não nascem para sempre no dia em que as suas mães os dão à luz, mas que a vida os obriga uma e outra vez ainda a parirem-se a si mesmos."

CARL JUNG

Considero a obra de Jung uma das mais bonitas que já encontrei por aí. De uma dimensão enorme e um movimento ascendente e espiral, ele teve o dom da amplidão de pensamento, possuindo uma sensibilidade, uma profundidade e uma fé especial. Digo amplidão porque sua obra se estende aos traços comuns dos quais a humanidade passou desde os primórdios até uma única psique humana atual, abrangendo esse sedimento de toda a vida humana. Por outro lado, é também ascendente, pois o processo de individuação refere-se ao desenvolvimento do indivíduo, mesmo com todo o campo em comum com a humanidade, este se diferencia ao longo do seu caminho particular a fim de que se torne quem realmente é. É um caminho complexo que envolve um grande estar consciente e o enfrentamento das suas próprias sombras; uma viagem interior que, muitas vezes, envolve dor e encontro com aspectos que preferimos ignorar acerca de nós mesmos. Já faço aqui a ressalva de que não tenho a pretensão de conseguir exprimir a grandeza da teoria de Jung, apenas passarei superficialmente por alguns conceitos e como faço a leitura destes em relação à temática deste livro.

O processo de individuação é a jornada interior que fazemos para integrar nossos conteúdos conscientes e inconscientes adquiridos ao longo da vida. A totalidade da personalidade se dá através dessa união. Faz-se necessário dizer que "tornar-se quem se é" não significa iluminação, ou atingir qualquer estado de plenitude e perfeição. Significa integrar todos os aspectos existentes em cada um e aceitar a si mesmo, ter consciência das partes que não nos agradam, do que nos foi imposto e do nosso lado sombrio. É por isso que não existe a integridade do eu sem a experiência e o conhecimento da própria sombra.

Para verdadeiramente compreender as complexidades da "meia-idade" através de uma lente junguiana, é crucial familiarizar-se com alguns princípios da psicologia analítica. Pode-se falar da psique como o conjunto geral de processos mentais e emocionais que compõem a personalidade de um indivíduo. Isto inclui, simultaneamente, elementos conscientes e inconscientes, que interagem uns com os outros para moldar a forma como uma pessoa se comporta e se adapta ao seu ambiente. A psique é a força guia que regula pensamentos, sentimentos e ações de um ser em relação ao mundo externo. Além disso, é um conceito complexo e multifacetado que engloba diferentes sistemas e níveis dentro do indivíduo.

Um dos conceitos mais importantes é a compreensão de Jung sobre o inconsciente. Ele expandiu o conceito de "inconsciente pessoal" de Freud ao introduzir a ideia de um "inconsciente coletivo", que é uma camada mais profunda da psique que contém registros inatos do comportamento humano e experiências compartilhadas por toda a humanidade. Para Jung, dentro do inconsciente coletivo existem arquétipos. Dificilmente teremos uma definição exata sobre este termo, então podemos pensar nele como sendo as tendências inatas universais do inconsciente coletivo, que estruturam a psique e transformam a consciência. No grego antigo, o termo "arché" se referia ao início, à origem ou à fonte de algo, ou seja, são conteúdos arcaicos, imagens primordiais, inerentes à nossa psique e que instintivamente carregamos conosco ao longo da vida. Esses arquétipos são refletidos nos deuses e nas deusas de diferentes religiões e na mitologia de todos os tempos e lugares, bem como em personagens recorrentes nas histórias, e na literatura, e nos contos de fada, e se expressam moldando comportamentos e influenciando na experiência humana com seus motivos, seus temas ou enredos.

Os arquétipos regem o psiquismo humano e influenciam na forma como vemos e respondemos ao mundo. Eles fornecem estrutura aos diferentes aspectos da psique, e o funcionamento ideal ocorre quando todas estas partes estão em equilíbrio. Jung enfatizava a importância de compreender e lutar por um balanço harmonioso de todas as partes da psique para uma vida mais plena.

A psique de cada indivíduo possui arquétipos universais, expressados e vivenciados por pessoas de todas as culturas. Os mais usados por Jung para descrever a estrutura da psique são: persona, sombra, anima, animus e Si-mesmo (ou Self). Neste livro falaremos mais sobre a sombra e a persona e como estes influenciam nesse desenrolar nessa busca por quem verdadeiramente somos.

O processo de individuação envolve autoconhecimento, explorar e confrontar esses aspectos e integrá-los na consciência para se tornar um indivíduo mais inteiro. A individuação envolve tanto o enfrentamento de aspectos da sombra — reconhecê-los, aceitá-los —, como também o despir-se da persona. Jung acreditava que esse processo não se tratava de individualismo, ao contrário, encorajava o crescimento pessoal e a existência coletiva, promovendo conexões mais próximas e conscientes com o todo, preservando, simultaneamente, a individualidade. O objetivo da individuação é aproximar o indivíduo do mundo, e não o separar dele. Busca, ainda, reconciliar nosso senso pessoal de identidade com a ideia do Si-mesmo.

Jung identificou um aspecto central da personalidade humana que engloba tanto elementos conscientes quanto inconscientes, que ele chamou de "Si-mesmo". Este é percebido como uma força transcendente e divina, quase inconcebível (também chamado de "Deus em nós"), mas que ainda pode ser explorado psicologicamente. Seria, então, uma representação atemporal de nosso ser completo, que engloba todas as nossas experiências – tanto passadas quanto futuras, o que fomos e o que seremos. Ele atua como o ponto de partida e objetivo final da jornada de individuação, guiando cada indivíduo em direção a seu destino único.

Sendo o objetivo do processo nos tornarmos, finalmente, quem somos, aproximarmo-nos cada vez mais do Si-mesmo faz-se essencial, iniciando em um movimento para tomada de consciência do que não somos. Portanto, o exame dos dois aspectos citados acima, a Sombra e a Persona, representam uma parte crucial desse percurso, e no livro vamos nos ater a eles.

Comecemos falando sobre a importância da sombra. Não podemos tratar do processo de nos tornarmos nós mesmos sem incluí-la. Como Jung disse em "Os Arquétipos e o Inconsciente coletivo": "O encontro consigo mesmo significa, antes de mais nada, o encontro com a própria sombra". Todos nós temos um lado sombrio na nossa personalidade, e lá se encontra tudo que foi negado ou reprimido, o que é incompatível ou inaceitável, vergonhoso, difícil de admitir. Por ser inconsciente, é naturalmente desconhecido para o indivíduo. Tudo que foi rejeitado por você mesmo e o mundo social a sua volta se encontra ali.

Como visto anteriormente, desde a infância aprendemos a colocar o que não é desejável nessa área sombria, adaptando-nos para sermos amados pelas pessoas e pelo o meio em que vivemos, dado que a rejeição machuca e nos ameaça imensamente.

A vida realmente tem um belo curso, pois durante a infância, o sistema familiar é nosso lugar de amor e aprovação, dia após dia a criança vai aprendendo como deve ou não se expressar e, consequentemente, começa a esconder de si mesma e do mundo tudo aquilo que pode fazer dela "uma pessoa ruim", isso de acordo com a identificação com os ideais de personalidade aos olhos desse ambiente. Portanto, a sombra vai se desenvolvendo paralelamente à formação do ego, que quer agradar a todo custo.

Em outras palavras, ela é essa parte que foi reprimida em detrimento de um "ego ideal". Essa idealização, porém, não é apenas uma questão familiar, mas abrange também um aspecto sócio-histórico que foi construído ao longo dos séculos, sendo a religião, por exemplo, relevante estabelecedora dessa dicotomia entre ser bom e mal, não só nas ações, como também no campo da fantasia, o que sempre aprofundou e aumentou o movimento de repressões.

Ademais, foi abordado sobre a difícil escolha entre a autenticidade e a necessidade de vínculo, afinal, queremos parecer bons e ser aceitos pelas pessoas que amamos.

Contudo, nossos aspectos originais, que foram encobertos, precisam ser reconhecidos, pois essa é a condição para uma vida mais completa. A vida se encarrega, com sua natureza incontrolável, de fazer com que isso aconteça através de inquietações que nos acordam para o pensamento de que algo precisa ser feito. Sentimos a urgência de resgatar um EU perdido.

Através do encontro com a sombra com a inteireza da nossa personalidade, talvez possamos — não sem esforço, pois essa descida para nossa profundeza e nossa escuridão (como vimos no mito) é um processo doloroso, um garimpo do que lá se encontra — trazer essa experiência à luz da consciência, a fim de nos tornarmos mais nós mesmos. No mito de Orfeu, Virgílio escreve em um dos cantos da Eneida: "Fácil é o descenso ao Inferno; as portas negras do Submundo ficam abertas noite e dia. Mas, refazer seus passos e voltar para a brisa acima – essa que é a tarefa, essa que é a labuta". Se conseguirmos trazer à tona os conteúdos que escondemos no escuro sustentando os desafios psicológicos desse processo e atravessando os momentos de angústias, possivelmente estaremos realizando a tarefa da nossa vida de ser quem somos, nos redescobrindo por inteiro e, assim, descolar-nos das massas e dos scripts que foram estabelecidos para nós.

Reconhecer os aspectos obscuros da personalidade é um processo libertador, mas um caminho difícil. Talvez na metade da vida, quando começamos a sentir verdadeiramente o tempo "escorrendo pelas mãos" e podemos olhar para trás e ver uma boa quantidade de histórias vividas, objetivos alcançados (ou não) e os deveres que foram cumpridos, talvez a essa altura o ego comece (diante da possibilidade mais próxima da finitude) a enfraquecer. Assim, nosso inconsciente se torna mais forte, como aquele cavalo selvagem querendo sair das amarras, precisando correr, precisando acontecer no mundo. A jornada tem essa força própria de impulsionar suas criaturas ao desenvolvimento. Acredito que, por mais desestabilizador e assustador que seja, esse autoconhecimento e essa integração de todos os aspectos da nossa personalidade têm um grande motivo: viver a completude de si mesmo e a auto aceitação da nossa natureza. Cada um de nós tem algo único, querendo chegar aqui através de nós mesmos.

Jung dissera que, se não fizermos o nosso inconsciente consciente, ele dirigirá nossa vida e chamaremos isso de "destino". Freud disse que o eu não é o senhor na sua própria casa. Ambos podem ter seguido por caminhos diferentes, porém concordam em algo importante: os conteúdos inconscientes têm força própria e grande carga emocional, e podem, sim, governar nossas vidas à medida que somos constantemente influenciados por eles, mesmo sem perceber.

Portanto, nossa coragem consiste em explorar o que lá pulsa e nos orienta aqui, no mundo da consciência. Pausa para uma coisa bonita e essencial: é importante dizer que, para Jung, o inconsciente não é apenas esse depositário de conteúdos reprimidos, mas também é um lugar em que se escondem tesouros e sementes. Na sombra enterramos nossas potencialidades, e conhecê-las, além de nos levar ao movimento ascendente e com maior nitidez, ainda nos leva a ter mais liberdade e autonomia do nosso próprio caminho e de nossas escolhas, ao invés de sermos conduzidos por forças que ignoramos. A hora é essa para fazer o trabalho interno e enfrentar a nós mesmos.

O encontro com a sombra acontece diariamente, pois, por ser inconsciente, temos acesso a ela através de projeções, tiradas humorísticas, das nossas interações com os outros quando são carregadas de emoções exageradas e reações drásticas. Ela sempre "escapa" em algum momento de enfraquecimento das defesas egóicas, visto que o que é reprimido não desaparece magicamente, e continua existindo e movimentando fora da consciência, mas ainda dentro de nós.

Em um contexto mais amplo do caminho da vida, é como se passássemos todo o tempo, desde a infância até a meia-idade, escondendo partes de nós na sombra para que pudéssemos caber na aprovação alheia, mas, em algum momento, os conteúdos inconscientes vibram para serem integrados, transformando-nos em pessoas mais autênticas.

Se falamos de sombra, precisamos também de falar sobre outro conceito chave da teoria junguiana: a persona. Esta é um aspecto da nossa personalidade, cujo nome originalmente vem da máscara usada por atores no teatro grego, que representava um papel dentro de uma peça. Seria a máscara que usamos socialmente. Ela começa a se formar na infância com a necessidade de se adaptar aos desejos e expectativas dos pais, cuidadores e professores da sociedade. Rapidamente entendemos os comportamentos que são aceitáveis ou não, e pode-se pensar na vergonha como um sinal dessa necessidade de "adequação" ao ambiente externo, vergonha essa de sermos considerados inadequados, indignos, do julgamento do olhar do outro. Isso é justamente o que nos leva ao medo visceral do isolamento, do rompimento dos vínculos e do não pertencimento. Nosso círculo familiar e a sociedade estabelecem metas, performances e direções que devemos seguir.

Construímos a persona com nossos aspectos considerados aceitáveis, bem quistos e aprovados pelo outro, enquanto reprimimos o que poderia nos causar rejeição, punição e a dor da vergonha. Portanto, a persona não é o que realmente somos, mas sim o que os outros, e até nós mesmos, acham que somos. Jung fala da persona como o compromisso entre o indivíduo e a sociedade, pois o personagem que exercemos no trabalho é diferente de como somos com amigos ou em casa, como pais, mães ou filhos. É importante que tenhamos consciência desse compromisso, pois estamos inseridos em uma sociedade; somos seres, antes de tudo, sociais, portanto, não temos como fugir disso. Esse conflito do coletivo sobre o individual, as demandas, as regras ditadas e as expectativas e exigências sempre existirão. Assim sendo, é fundamental tomar consciência desse processo e não se acomodar na máscara da persona, vivendo uma eterna performance. Ademais, é importante ter em mente que a persona se refere ao que falamos ao longo deste livro inteiro: como nos apresentamos ao mundo para nos adaptarmos às situações a fim de corresponder às demandas sociais, familiares e culturais. Portanto, é necessário ter clareza de que ela não exprime quem somos autenticamente.

Em algumas funções e cargos, como um médico, um militar ou um juiz, é perceptível como as normas exigem certos comportamentos, atitudes e até vestimentas. Costuma-se dizer que a persona é essencial para nossa adaptação e atuação no mundo, exercendo nossas funções de acordo com o meio em que vivemos e com seus protocolos para serem cumpridos. Agimos diferentemente de acordo com o papel que estamos exercendo na vida – ora somos pais, ora filhos, ora alunos, ora estamos dando uma aula ou ensinando, ora estamos entre amigos nos divertindo, ora estamos arcando com responsabilidades e uma seriedade imensa no trabalho. Esses papéis existem e nós os desempenhamos de modo que sejamos aceitos, aprovados ou bem vistos. O grande perigo está quando nos identificamos excessivamente com esse papel e passamos a exercê-la de forma muito rígida em diferentes esferas da vida, vivendo "uma ficção", reprimindo muitos aspectos genuínos e autênticos do nosso ser em detrimento da performance social. Ou seja, adaptamo-nos muito à sociedade, mas nada a nossa individualidade e originalidade.

A tarefa mais importante de nossas vidas, falando da perspectiva junguiana, é esse processo de individuação. Eis o trabalho de uma vida inteira e que aqui, na metade da vida, podemos deliberadamente nos engajar nesse processo como sendo a "joia maior" de nossa existência: chegar mais perto do nosso verdadeiro Self, ou Si-mesmo, através da integração dos diferentes aspectos da nossa personalidade.

Se estamos vivendo apenas na representação de papéis, sofremos pela falta de autenticidade, profundidade e sentido. Dessa forma, Jung traz o conceito de Metanoia como sendo esse momento de revolução, que se dá na metade da vida. A palavra deriva do grego e significa "mudança de pensamento". Em outras palavras, é um movimento da psique para se "curar" dos conflitos, muitas vezes indo às profundezas para renascer. Nesse período da vida, há essa movimentação intrínseca da alma para viver transformações na forma como enxergamos o mundo, com metamorfoses e transições. Um momento em que as estruturas externas começam a desmoronar para que o surgimento das nossas próprias construções se edifiquem.

Assim, a individuação envolve trazer estes aspectos para a consciência e integrá-los com o ego, permitindo ao indivíduo acessar todo o seu potencial e alcançar um alto senso de propósito e significado na vida.

DESCONSTRUIR

Agora que chegamos à metade do caminho, nossa principal missão é do lado de dentro. O crescimento emocional pode significar "diminuição". Diminuir as lentes que usa para ver o mundo, mas que não foram colocadas por você. Na maioria das vezes, vemos o crescimento como um processo de adquirir coisas, desde diplomas a casa, relações e dinheiro. Contudo, o que queremos aumentar e adquirir aqui é a nossa própria presença, nossa própria visão de mundo, das relações e da vida. Mais que tudo, queremos nos permitir trazer para o mundo aquilo que é completamente único em nós, pois temos esse grande mistério da existência, em que cada um é diferente e incomparável. "O que em mim, e quando, leva-me onde sou mais confortável com minha própria alma?"

O poeta francês Baudelaire escreveu que "gênio não é nada mais do que a infância recuperada por vontade própria". Talvez este seja um bom ponto para começar: retornando a sua infância, onde há pistas, sementes e joias preciosas sobre você e sua visão de mundo, com curiosidade e maravilhamento pelo mundo que todos os dias se desdobra como novidade aos seus olhos. Quando crianças, tínhamos uma autoridade interna mas, para nos adaptar ao ambiente, fomos nos desconectando dessa sabedoria, dessa essência. Bachelard escreveu que "a cosmicidade da nossa infância reside em nós", e é esse cosmos particular que queremos acessar.

É como se fôssemos vestindo camadas e camadas de roupas – pode-se pensar até em uniformes, pois há essa conotação sobre se encaixar e seguir regras em um ambiente familiar e social, o dever ser e agir de certa forma. Fomos ganhando essas camadas de roupas, muitas vezes não escolhidas por nós mesmos, mas as vestimos. Com sorte, chegamos em um ponto em que tudo isso começa a incomodar, a pesar, às vezes até mesmo a sufocar. É como se a nossa pele, tão coberta, quisesse respirar, sentir o sol, o vento, tocar outra pele, sentir, viver. Geralmente, por volta dos 40 anos, esse processo tende a dar esses sinais de que precisa acontecer, principalmente para ser um ponto chave para o resto da sua vida, um momento de resgate da sua essência para não chegar perto do fim com o arrependimento mais doloroso: o de não ter vivido na sua própria pele, não ter vivido seu próprio desejo, e o mais importante, não ter trazido para o mundo a sua essência, o modo que você, dentre bilhões de pessoas que existem e que já existiram, só você pode trazer. A magia da unicidade da alma humana.

Eis a oportunidade de tomar uma decisão para não ser mais um prisioneiro da própria história, mas sim um investigador, um observador, um mergulhador de águas profundas, um arqueólogo da alma, encontrando tesouros, reminiscências, estruturas que já estão ruindo e não cabem mais na sua narrativa e no ser humano que você pode ser hoje.

Podemos iniciar esse processo de modo simples, mas não corriqueiro: viver as perguntas. Como seres humanos, temos uma curiosidade natural, a vontade de descobrir e expandir horizontes, mas necessitamos enormemente de respostas. Se tem alguma coisa com a qual ainda precisamos que ensaiar muito é sustentar a angústia do não saber, e isso não é fácil. Em nossa ânsia por resolver e encontrar respostas, muitas vezes sem estrutura para conviver com a falta e a incerteza, acabamos nos contentando com soluções generalistas, ou que não foram espontaneamente criadas por nós mesmos, e sim por outros. Afinal, há também um lado nosso que acha bem difícil decidir por conta própria. O paradoxo é que, sair do paraíso da infância, em que escolhiam e decidiam por nós, exige que estejamos com a coragem de nos implicar no processo. Bancar nosso desejo e criar essa vida autêntica envolve auto responsabilidade e força psíquica para desviar da rota do script e seguir a sua própria estrada.

Rilke, em seu livro "Cartas a um Jovem Poeta", escreve que, ao amar as perguntas e vivê-las, talvez algum dia possamos, sem perceber, viver as respostas. Somos socializados e educados para encontrar soluções, e sustentar os questionamentos é um lugar angustiante. Porém, Rilke tem razão, visto que, vivendo as questões, conseguimos elaborar respostas mais genuínas do nosso próprio ser, e não simplesmente seguir o caminho da multidão. Cada alma tem uma jornada própria e uma força propulsora única, capaz de trazer coisas únicas ao mundo. Como outrora visto, a trilha para tornar-se quem se é de verdade é justamente sobre o acesso a esse local, essa nossa semente que pulsa dentro de nós para desabrochar ao longo da vida.

Outra figura que nos ensinou sobre o poder das perguntas foi Sócrates. Ter a coragem de confrontar as certezas e, a partir daí, começar o processo de questionamento. Na Apologia de Sócrates, em que Platão expõe o diálogo sobre o julgamento e a condenação de Sócrates, a passagem 38a parece ser a mais conhecida, e não por acaso. Segundo Platão, Sócrates diz que "uma vida não examinada não vale a pena ser vivida". O filósofo aqui afirma que preferia morrer a deixar de praticar seu bem viver, e que se ele fosse impedido de viver seu método de questionamentos, quem perderia não era apenas ele, mas a sociedade como um todo.

A Maiêutica aparece em um outro diálogo de Platão como uma metáfora usada por Sócrates para falar do que ele fazia. O termo vem do grego "maieutiké", e está ligada à obstetrícia, ofício de sua mãe, à arte de realizar partos. Em outras palavras, através do diálogo, "parir" o conhecimento. Através do questionamento, "dar à luz" às ideias; de sucessivas perguntas, chegar à essência das coisas. Sócrates provocava a contradição no seu interlocutor para que ele pudesse questionar aquilo que achava que sabia.

Falamos em essência, e é aqui que queremos chegar na metade da vida: finalmente nos desconstruindo; assim como a maiêutica trabalhava na desconstrução dos argumentos, desconstruir nossa persona, nosso eu que criamos para nos adaptar à vida social e, através da auto investigação, chegarmos a nossa integridade.

Isso não significa que seremos mestres ou senhores da própria vida, pelo contrário; mostra apenas que seremos aprendizes dessa voz que existe dentro de nós, não deixando que o peso dos deveres externos nos sufoque completamente.

A psicoterapia atua exatamente nessa transformação subjetiva e através de um processo dialético, ou como Jung coloca, uma interação psíquica, uma troca entre dois sistemas psíquicos. A partir daí, tecemos um processo terapêutico, um aprofundamento de uma conversa sobre você consigo mesmo, revisitando a própria história, criando novas narrativas sobre si próprio, diferenciando-se do que lhe foi dito. É claro que não é um trabalho fácil e pode ser desagradável. Desfazer defesas construídas e certezas inquestionadas. É provável que seja desconfortável, mas daí é que vem o crescimento e a mudança junto com um certo alívio, pois gastamos muita energia durante nossa trajetória carregando sentenças de como a realidade é, de como somos e de como devemos ser. O processo terapêutico, então, traz uma libertação, pois mesmo quando nos permitimos questionar a nossa famigerada "zona de conforto" – na maioria das vezes é bem desconfortável, sendo apenas "segura e conhecida" –, vivenciar sentimentos e emoções difíceis, fazer mudanças, e suportar tudo isso, ainda assim somos fortificados e caminhamos para a elaboração e significação da experiência.

Talvez um dos aspectos mais difíceis da experiência da metade da vida seja o fato de que ninguém vai nos resgatar ou nos salvar. Como Psique depois de acender a luz, estamos sós nesse processo de desenvolvimento psicológico. Outras promessas de salvação como o materialismo, o hedonismo, o consumismo, o poder e o narcisismo existentes em nossa cultura também falham no que se refere à alma humana.

Precisamos agir por nós mesmos, pois as respostas virão do lado de dentro. Repito, muitas vezes algum acontecimento externo pode desencadear esse processo. Um novo encontro ou a conexão com alguém, um novo trabalho ou uma mudança de vida. Contudo, em última instância, nada do externo pode nos salvar. O que devemos entender vai vir de dentro. Fomos bastante alienados de nós mesmos pelas experiências da infância, pela cultura e pelo ambiente. Eis a hora em que podemos nos reconectar com nossa verdade interior para criarmos o significado que falta em nossas vidas. Existe a angústia, e nada nem ninguém podem fazer o trabalho por nós. Logo, é hora de entender que podemos, como potência humana, sustentar e atravessar os sofrimentos. Percorrer esse processo e compreender que temos os recursos necessários dentro de nós e que transpor o sofrimento pode renovar nossa visão de mundo e ampliar nossa percepção da vida para que possamos viver a nossa verdade mais plenamente.

Através do exame e da exploração da nossa história, podemos deixar de ser guiados por forças, padrões, imagens e narrativas que absorvemos na infância. Temos na psicoterapia a oportunidade de escolher quem queremos nos tornar, indo além da nossa história, e navegar nesta segunda metade da vida a partir da bússola do Si-mesmo. Em uma de suas aulas, James Hollis cita Emily Dickinson: "O

Marinheiro não pode ver o Norte – mas sabe que a Agulha pode". Nossa bússola nos orienta, basta tomarmos conhecimento dela.

SIGNIFICADO

Em "Memórias, sonhos e reflexões", Jung escreveu:

"Vi frequentemente as pessoas ficarem neuróticas quando se contentam com respostas inadequadas ou erradas às questões da vida. Elas buscam posição, casamento, reputação, sucesso exterior ou dinheiro, e permanecem infelizes e neuróticas mesmo quando conseguem o que estavam procurando. Essas pessoas estão geralmente confinadas dentro de um horizonte espiritual excessivamente estreito. Sua vida não possui conteúdo suficiente, significado suficiente. Quando lhes é permitido se desenvolver e adquirir uma personalidade mais ampla, a neurose geralmente desaparece."

A questão do significado é individual e vem da esfera mais íntima de um ser. Assim como existem 8 bilhões de personalidades diferentes vivendo na

Terra, os significados que atribuímos às experiências e à vida são totalmente únicos e pessoais. Muito se fala sobre o sentido da vida, mas esquece-se de que é um ato completamente particular, que foge do certo ou errado, que escapa de conceitos mais amplos como o "amor" e está realmente na privacidade e na singularidade de cada um, levando em conta sua história de vida e a unicidade da psique.

Ao nos aprofundarmos em nossa experiência de vida através do autoconhecimento, da busca por entender e realizar nossos verdadeiros e mais autênticos desejos, deixando pouco a pouco de lado a nossa personalidade provisória –, baseada em atender expectativas e atingir metas sociais e familiares –, dirigimo-nos a nossa individuação, nosso caminho ao verdadeiro Eu. Isso fará uma diferença enorme mais à frente na vida, quando estivermos mais na presença da velhice e de todas as suas limitações temporais, ou seja, de frente com a finitude.

Chegar ao fim da vida vivenciando a falta de sentido, o anseio de ter sido mais autêntico e os desejos não realizados é um grande fator de ansiedade, depressão e sentimento de vida não realizada. Somos seres simbólicos e alimentamos nossa alma através do significado. Não importa quem é você ou onde você esteja, em algum momento o chamado acontece e começamos a nos questionar, pois percebemos (com sorte a tempo) que não estamos aqui somente para seguir regras, consumir, gerar produzir, procriar para, por fim, partir.

Não sejamos Ivan Ilyich. Fazer esse exame durante a passagem do meio, quando esse self original realmente vibra por nascer, é um dos maiores presentes da vida que apenas você pode se dar e que aliviará, e muito, do peso de uma existência futura cheia de ressentimentos e angústia.

É saber que não há nada para consertar, mas sim para se descobrir e transmutar além da racionalidade, além da vida mais superficial. Compreender-se como alguém único e complexo e com um imenso poder de criação e conseguir se beneficiar da potência da sua autenticidade. Fazer nosso trabalho pessoal explorando nossa história, as paisagens internas e os scripts que seguimos. Ressignificar memórias e dialogar e questionar as certezas, a ética e a imagem de si mesmo que nos liberta e nos conduz à maior recompensa de todas: tornar-se quem realmente é.

Ao entrarmos em contato com essa totalidade e integridade pessoal, novas lentes para enxergar as relações e o mundo se formam. Não é por acaso que essas questões surgem nesse momento da vida. Simultaneamente, de acordo com o curso natural dessa jornada, estamos lidando com o processo de envelhecimento com um bom tempo de experiência como adultos em relação a responsabilidades e relacionamentos.

Naturalmente seremos confrontados com a perda de entes queridos mais velhos, o que por si só já nos leva a questionar a nossa existência e a natureza da vida. Se somos pais, nossos filhos estão crescendo e adquirindo independência para viver sem nossos cuidados. Apenas por vivenciarmos essas etapas da vida já teríamos aí uma provável crise sobre o sentido do viver.

No entanto, esse desconforto pode ser bem recebido, pois entrar em contato com essas angústias pode nos levar a um redirecionamento e a uma ampliação do nosso ser. Se algo começa a nos incomodar, é porque precisamos mudar. É nossa bússola interna chamando a atenção. E apesar de nos sentirmos perdidos e parecer que nada faz sentido, a exploração, a atenção e a curiosidade sobre nós mesmos provavelmente nos levará a um renascimento. Surge uma nova oportunidade de ressignificar nossa vida e nossos desejos para o futuro a partir de um EU adulto, que não é mais comandado pelas feridas da infância, pelas expectativas afetivas e a eterna vontade de agradar nosso self infantil. Significa, finalmente, crescer e se diferenciar.

A questão da desconexão com o significado da existência pode, às vezes, ser sentida até mesmo como um tipo de traição da vida. Através das informações do ambiente, da cultura e do meio familiar que recebemos, desenvolvemos a ideia do que seria um casamento, do que seria atingir certo status social, do que seria ter sucesso profissional, do que seria ser pai ou mãe, do que seria ter uma família. Na prática, porém, vivenciamos isso de uma outra maneira, como se o que nos foi dito fosse bem diferente do que estamos descobrindo ser realmente "viver". Chegamos àquele ponto em que pensamos: se eu fiz tudo certo, por que tem algo dentro destoando, descontente?

Por isso, a questão da crise da passagem da meia-idade é justamente o resgate de nossa autoridade pessoal para que nosso mundo interno fale mais alto do que a bagunça externa. Nosso mundo interior é profundo e um ótimo guia. A questão do significado é autônoma; ela se produz dentro de nós quando algo é precioso, e devemos nos atentar a isso. Além disso, o significado é também uma construção, pois podemos explorar cada área da nossa vida e trazer a ela nossas próprias impressões e soluções criativas para que possamos viver através de nossos próprios valores e do que é significativo para nossa alma. É justamente isso que nos dá a sensação de sustentação interior.

Na prática, podemos trabalhar a criação de significado através da psicoterapia, um grande espaço para não só criar o sentido para a experiência da vida, mas também para ressignificar eventos passados, a fim de que deixemos de vivê-los no presente, mas possamos continuar a partir deles. A terapia, então, é um processo iniciático. A partir de um desejo genuíno de entrar em contato consigo mesmo, descobrir-se, abrimos toda uma possibilidade criativa frente à vida.

Através do processo terapêutico podemos trazer a consciência para um diálogo com a sua psique. Algo dentro de nós sabe o que tem real significado. Agir em prol desse movimento envolve mudanças , e talvez um alto preço, entretanto, a alma sabe o que é verdadeiro em nós, pois mesmo tendo feito tudo como nos disseram, ainda se apenas tivermos seguido o roteiro que recebemos, sentimos que falta aquele algo a mais. Na terapia pode-se desenvolver esse diálogo profundo e contínuo sobre nossa essência, silenciando o volume do ruído externo, os quais sempre seguimos as instruções. Este é um espaço para reaprender a experienciar o mundo e para resgatar a nossa própria interpretação e visão pessoal sobre as coisas, cada vez menos misturada ou dominada pelo social. A partir daí, é momento de estabelecer essa conexão entre o seu EU e as questões que a vida traz para que possamos escutar, finalmente, a alma e seus anseios mais verdadeiros para, em seguida, tecer novas possibilidades de "ser" no mundo, em um lugar de autenticidade e pleno de sentido interior.

Além da terapia, podemos explorar outras formas de honrar nossa experiência interior em relação ao significado. Aprofundaremos sobre isso na Parte II.

PARTE II:

PRÁTICAS

REENCANTAMENTO DE MUNDO

Chamo de "reencantamento do mundo" uma "forma de estar" na vida, em que trazemos um olhar mais curioso e genuíno, exercitando, assim, nossa capacidade única de interagir com o mundo. Sei das limitações em relação ao acesso à terapia, por isso trago aqui pequenos detalhes que acredito que exercitam nossa originalidade e que podemos praticar em qualquer hora e lugar.

Somos todos alquimistas. Temos a capacidade de transformar tudo, sempre. Experienciamos o mundo através dos órgãos dos sentidos e das emoções, e tudo isso se ressignifica dentro de nós de forma única, particular e complexa.

Assim, podemos manifestar no mundo essa transformação que se deu dentro, do receber e do atribuir significado. Tudo que vivemos e absorvemos, desde um pôr do sol mágico até um encontro com alguém na esquina, formam uma única substância que se soma a nossa subjetividade, juntando-se com a nossa própria essência.

Que possamos perceber como somos, nosso jeito de entender, contribuir e interagir com a existência. Valorizar nossa expressão no mundo adicionando essa química exterior-interior. A magia da vida vem da arte de trazer para o mundo esse ecossistema próprio, uma grande transmutação única e pessoal. É preciso ter em mente sempre a concepção de que estamos nos tornamos nós mesmos, cada um como um ser misterioso e único, com pleno direito e dever para com a originalidade.

A proposta, então, é descolonizar a nossa percepção, nosso entendimento sobre as coisas. Descortinar o olhar. Para isso, é preciso sair da automaticidade do mundo e nos comprometer a viver através da curiosidade e da apreciação. Assim, um certo maravilhamento genuíno surge em relação ao mundo. Em relação à natureza, às relações, aos objetos. Enraizar em nós a eterna novidade da vida, que fica totalmente encoberta, debaixo da rotina, do mundo burocratizado, plástico e performático. O paradoxo é que tudo acaba parecendo igual – dado, repetitivo – quando, na verdade, nenhum dia é igual ao outro. A descolonização do olhar vem, assim, como esse movimento de saída do automático, do mundo egóico, da linearidade, do que é dado, dos scripts sociais. Isso repercute na mudança do nosso olhar para o mundo, dando início a um processo criativo que nos permite ser e expressarmos mais genuinamente na vida.

Existe uma expressão na língua inglesa chamada "AWE". De acordo com o dicionário de Cambridge, awe é um sentimento, uma emoção de enorme respeito às vezes misturada com surpresa ou até com um certo temor. É sobre respeitar imensamente e com um leve receio por não conseguir entender inteiramente. Um espanto mágico. É difícil traduzir (não encontrei uma tradução oficial), mas para mim, Awe expressa admiração, arrebatamento, respeito, espanto, perplexidade, reverência, maravilhamento. Inspira o sagrado e o sublime. É estar diante de algo vasto, que não compreendemos totalmente; a emoção de deslumbramento e percepção subjetiva da vastidão, da grandiosidade.

Uma parte inata do espírito humano é composta de "awe". O que te inspira? O que te fascina? O que te atrai? A tarefa é permear o nosso cotidiano com esse sentido. Tocar nas maravilhas do mundo, mesmo que apenas em pequenos e rotineiros detalhes. Esse modo de ser nos salva, permite-nos achar significado, além de trazer poesia para nossos dias. Volta a nossa atenção para o modo como enxergamos o mundo, promovendo mudanças importantes. Quando passamos a questionar como interpretamos, vemos, entendemos o nosso dia a dia e tudo que a vida nos apresenta, temos a oportunidade de trazer uma resposta mais genuína e menos influenciada pelas estruturas externas. Tendo essa base que nos auxilia a perceber, entender e questionar o mundo a partir de uma verdade interior e única, fica mais fácil encontrar nosso caminho próprio e individual e aprofundar o diálogo com o significado da sua própria jornada.

Thich Nhat Hahn dá um exemplo sobre essa percepção maravilhada para a realidade. O monge nos ensina a olhar para o chá como uma obra-prima do universo. Se aprofundarmos a curiosidade sobre o chá, pensar em suas origens, formação, trajetória, entre outros, temos um momento de "awe!" Afinal, uma nuvem se converteu em chuva e desaguou os rios, rios esses que irrigavam os campos onde as sementes do chá se encubavam na terra, plantadas por mãos humanas e aquecidas pela luz e pelo calor do sol. As abelhas que polinizaram as plantas do chá, as flores que produziram o néctar para as abelhas. Ou ainda quando comemos uma maçã, percebe-se que ela é feita de muitos elementos. Ela contém água, fibra e açúcares. Cresceu por meio de raios de sol, chuva e solo. Carrega a energia da árvore que deu uma flor e virou fruto. Ela tem espaço e tempo dentro dela, pois graças ao movimento da terra, temos as estações, e o processo de crescimento está conectado a esse tempo e espaço, além de todos os elementos encontrados no universo. Esse é o significado de abrir os olhos para a complexidade que compõe a nossa existência. É também o que pode mudar nosso olhar para nós mesmos quando entendemos que somos seres complexos, formados por diferentes vivências, ambientes, crenças e relações, entre muitos outros fatores, inclusive biológicos. Assim, podemos esquecer a visão simplista, polarizada e reducionista que majoritariamente domina as narrativas sociais e históricas, além de nossa própria narrativa de vida.

Quem diria que eu estaria aqui dizendo para você tomar um chá, maravilhando-se com ele por ser um pouco de nuvem, de chuva e de rio, ou para você comer uma maçã perplexo por ela ser tempo-espaço. Mas essa é uma forma de reencantar o mundo, e isso se estende a objetos e pessoas. Ou será que existe algo mais fascinante do que estar vivo?

A melhor forma para encantar o mundo é trazer a sua presença genuína para a vida e se permitir olhar para ele com a sua alma. O que sua alma lhe diz sobre algo? Ou o que ela está tentando lhe dizer? Com isso, aprender a deixar que essa canção do ser seja mais alta que a cacofonia externa, ou seja, maior todas as mensagens e que todos os ruídos advindos da cultura, da nossa família de origem e dos condicionamentos da nossa própria história.

Desautomatizar o olhar e o viver, e possibilitar que cada experiência nos traga para mais perto da nossa própria essência e da essência da vida. Todavia, isso envolve um grau de presença para que nosso próprio sistema biológico e psíquico tenham espaço para tecer essas impressões sobre o mundo. Na contramão, somos diária e constantemente super estimulados, recebendo informações de milhões de pessoas nas mídias sociais que são, literalmente, denominadas "influenciadores". Estamos sujeitos a um turbilhão de cenas sobre que é felicidade, o que é ser bem-sucedido, o que é um relacionamento "perfeito", o que usar, onde comer, para onde viajar, de como devemos ser. Ou seja, além de todo o caminho percorrido, repleto de demandas sociais, ainda vivenciamos isso em tempo real, apenas "rolando" a tela do celular.

Precisamos estar atentos para não sermos "engolidos" pelo automatismo e pela superficialidade desse mundo que nos envolve. A sua essência não está refletida naquelas telas, naquelas vidas, mas está em poder ver o mundo de dentro para fora, em poder interpretar o mundo de acordo com o seu interior, sem esse ruído constante de outrem. Está em ter um tempo para pensar e sentir o mundo de acordo com nossa própria significação, trazer nossos próprios conteúdos e nossa maneira única de interagir com a vida. Nossa cultura, porém, da modernidade e do consumo, da superexposição das mídias, torna-nos cada vez mais homogêneos, sem nossa maior preciosidade: nossa singularidade.

Para conseguirmos nos desligar desse mundo mais superficial, que demanda performance, consumo e nos atrai com novos produtos, é essencial que nos vinculemos à natureza. A natureza. Essa vida em que tudo é interligado, mas tem sua particularidade, seus processos, seu tempo, mortes e renascimentos, em que tudo se renova. Naturalmente tudo é deslumbrante e essencialmente único, e tem sua própria inteligência.

Faz-se necessário dar-nos conta da natureza ao nosso redor, perceber suas mudanças e ciclos e como ela pode nos comunicar sobre a vida, sobre o ser e nos tirar da nossa mente. Nela atua uma força inteligente maior do que a mente humana e, tendo consciência de seu movimento, seus ciclos, sua vida pulsante, conectamo-nos com um lugar dentro de nós que é parte disso, uma presença que nos anima, uma sacralidade que há dentro e fora, na vida natural, nossa fonte criadora. Um lugar de inocência que amplia nossa dimensão interna, preenche e nos traz sentido.

Há milhões de anos tudo vem crescendo, desenvolvendo-se, acabando, recomeçando, transformando-se. Desde sementes minúsculas que se tornaram árvores gigantescas, oceanos pré-históricos onde hoje são montanhas até o encontro de um espermatozoide e um óvulo, que se tornou você. A transformação é nossa essência! Apenas nessa vida você já foi uma única célula, um zigoto e um ser aquático. Depois, você chegou em outro mundo e aprendeu a respirar. A mudança é mais forte que nós e acontece para além da nossa vontade. Imagine se, por medo, você tivesse deixado de mudar de zigoto para feto, ou de um feto aquático para um bebê. Não existiria a vida. Por isso a mudança é a natureza da vida em si, e ela acontece a todo momento, e precisamos nos permitir mudar psicologicamente para que possamos evoluir. Não são, no entanto, só as mudanças biológicas que nos fazem crescer; o processo psicológico é análogo ao biológico. Apesar de nosso ego viver às custas da segurança por medo, precisamos ter a coragem de nos permitir vivenciar as transformações da nossa própria psicologia e, por isso, rever o que somos na nossa essência (hoje) é indispensável para que, a partir de todo caminho e de cada mudança que atravessarmos, apesar de todas as circunstâncias e interferências, possamos chegar a nós mesmos. A natureza reflete esse dinamismo contínuo da existência, mas perdemos a faculdade de aprender com ela.

Essa é a descolonização. Desenvolver esse aspecto reverencial com o todo e principalmente consigo mesmo, assim fica mais fácil honrar seus desejos e valorizar ainda mais sua busca pessoal. Ademais, pode-se trazer essa prática do reencantamento do mundo para a nossa psicologia a fim de redefinir – ao nos colocarmos em nosso lugar, na nossa verdade – o que é uma relação, o que é o trabalho, o que é ser pai/mãe, o que é ser filho e o que é que queremos da vida realmente. Assim, finalmente trazer essa força interna, nosso Eu mais profundo, para definir como queremos viver, agindo com liberdade para construir nossos caminhos – seja para nos relacionar, amar, trabalhar, enfim, viver – de forma menos pautado no que foi definido pelas massas, ou por heranças de família, e mais pela sua própria e única força criativa. A Metanoia é um momento de crise, mas também de ressignificação, de começar a viver a partir do interior, do que verdadeiramente faz sentido, mesmo que isso vá em desencontro com as expectativas alheias.

Além disso, awe é uma emoção poderosa que muitas vezes é associada à como percebemos o mundo quando crianças, porém igualmente importante para os adultos. Nesse momento de trazer novos e mais genuínos sentidos para nossa vida para que possamos experimentar o mundo e nossas questões pessoais com mais admiração, precisamos nos colocar na vida com curiosidade e abertura de espírito, como se estivéssemos conhecendo as coisas pela primeira vez. Isso pode ajudar a transformar coisas comuns, como o som de um pássaro cantando ou a cor do céu, em algo extraordinário. Awe é caracterizada por uma sensação de vastidão e grandiosidade que pode transcender nossa compreensão do todo e tem uma qualidade mágica: pode mudar o foco de uma pessoa do ego para uma maior conexão com o mundo ao seu redor.

O intuito não é estar 24 horas por dia olhando tudo pela primeira vez. Não temos nem sistema nervoso para tamanha fascinação. É algo parecido com a paixão, que irrompe, e outras coisas acabam ficando em segundo plano. Uma hora isso tem que diminuir para que possamos cuidar dos afazeres práticos do dia a dia, mas devemos, sim, estar conscientes de que, diante das questões que enfrentamos, podemos cuidar da nossa mente com awe, curiosidade, admiração e reverência para que tenhamos respostas, interpretações e significados mais genuínos e originais do que os julgamentos prontos e coletivos. Quando nos abrimos para ver o mundo através desse viés, podemos trazer nosso próprio sentido e tocar na essência da vida. A experiência de awe cala o neurótico que vive interferindo em nossos pensamentos e sentimentos. Dessa forma que exercemos a nossa soberania de dar nosso significado ao mundo. Os budistas, como vimos, apontam para essa narrativa da interconexão de tudo, trazendo uma outra interpretação sobre a vida. Podemos similarmente tecer esse fio frente a nossas questões, conceitos, e até nas coisas mais comuns do cotidiano, como uma xícara de chá. Basta trazer seu senso de curiosidade, abertura, atenção e devoção, principalmente em relação às grandes questões que chegam na metade da vida e que são, como diz Jung, sempre um paradoxo, em que mais de uma coisa pode ser verdade. Portanto, é importante trabalharmos na nossa transformação subjetiva; nossa autenticidade está pronta para enxergar e se manifestar no mundo. Assim, estaremos, enfim, ressignificando e reencantando a vida.

Deixo aqui uma história que encontrei em um livro do analista junguiano Robert A. Johnson. Está no "Ramayana", um dos dois maiores poemas épicos antigos da Índia que conta a história do Príncipe Rama (considerado a sétima encarnação do deus Vishnu) e de sua esposa Sita. A história segue Rama enquanto ele luta contra o demônio rei Ravana para resgatar Sita. No caminho, ele recebe ajuda de um exército de macacos e ursos liderado pelo deus-macaco, Hanuman.

Rama, o rei, mantém a corte pela manhã. Nos bons velhos tempos, quando o rei se sentava em seu trono para exercer a corte, qualquer um no reino podia vir e expor seus problemas e preocupações. O monarca ouviu as questões mais urgentes do dia e praticou justiça, vestindo seu manto de ancião sábio.

Todas as manhãs, enquanto Rama sentava-se em seu trono e se preparava para ouvir a longa lista de pedidos e penitentes, um macaco entrava pela janela e trazia ao rei um pedaço de fruta. Isto acontecia diariamente. O rei Rama acostumou-se a este processo e não prestou muita atenção. Ele pegava a fruta, agradecia ao macaco, jogava a fruta atrás dele e prosseguia com seus deveres de rei.

Uma pilha considerável de frutas rejeitadas se

acumulou atrás do trono do rei sábio. Um dia, quando começaram a fazer uma limpeza, descobriram uma pilha de joias na parte de trás do trono. Parece que, dentro de cada fruta, havia uma joia. Hanuman, uma manifestação do divino na forma de um macaco, tinha apresentado um presente ao rei todas as manhãs, e ele simplesmente deixava de lado.

O deus-macaco Hanuman representa nossa voz interior instintiva e criativa. Diariamente ela nos oferece uma fruta contendo uma joia valiosa. Infelizmente, nosso governante interno, sobrecarregado pelas exigências, lutas, medos e preocupações da vida diária, tende a negligenciar essas joias valiosas. No entanto, escondida atras da coroa de cada um de nos, há uma pilha de joias em constante crescimento, que representam possibilidades inexploradas, potenciais não realizados e sua parte única e rara e singular de ser. Todas elas estão acessíveis para você neste momento, basta permitir-se conectar com sua transformação subjetiva e se abrir para a busca da sua autenticidade.

Essas joias estão presentes todos os dias, em diversos momentos. Por trás de tudo existe um momento de AWE. Jung usa uma palavra que, ao meu ver, relaciona-se com o conceito inglês de awe. Segundo ele, o termo "numinoso" se refere a uma experiência espiritual ou divina que vai além do mundo material, induzindo sentimentos de admiração, deslumbramento, reverência e mistério. O numinoso é considerado um aspecto significativo das crenças religiosas e espirituais, muitas vezes ligado à mente inconsciente. Jung acreditava que o contato com ele poderia servir ao crescimento pessoal e ao processo de individuação, uma vez que conecta as pessoas com seu eu interior e com o inconsciente coletivo. Von Franz acreditava que a experiência numinosa era uma parte fundamental da psique humana e que poderia proporcionar aos indivíduos um senso de transcendência e de conexão com o divino. Ela via o numinoso como uma fonte de inspiração, cura e crescimento, e argumentava que era importante entender seu papel no desenvolvimento pessoal e na vida espiritual.

Estar consciente e com olhos abertos para vivências numinosas e de awe no nosso cotidiano quebra com a grande quantidade de informações metódicas, regradas e impositivas que recebemos do mundo sobre deveres e metas a serem sempre alcançadas. Nessas vivências, algo de nossa essência irrompe, fortalecendo nossa parte mais autêntica e indomesticável, que traz verdadeiro significado ao mundo.

O PODER DA ESCRITA

Além de deliberadamente reencantar nosso olhar e nossa vivência de mundo na terra, sugiro outra prática para nos aprofundarmos e termos acesso aos nossos mais profundos desejos e ressignificar a vida.

Escrever é um ato extremamente importante para a nossa psicologia pessoal. Escrever sobre si mesmo, sobre emoções, sua própria história de vida, seus desejos, suas maiores questões, seus medos, sua coragem, seus traumas, enfim, sobre sua vida. Escrever expressivamente com exatamente esse objetivo: auto expressão e autoconhecimento. O papel não julga, apenas recebe. Esse movimento nos possibilita aumentar nossa consciência sobre nós mesmos, entender os conflitos emocionais e ajudar na caminhada em uma jornada mais significativa, tudo isso tendo um papel e uma caneta – além, é claro, da coragem de ser verdadeiro consigo mesmo, de querer olhar dentro e se abrir.

Existem diferentes formas de usar a terapia como escrita, algumas mais direcionadas e feitas em contextos terapêuticos, e outras mais livres. Esse formato mais abrangente é simples e pode ser feito por qualquer um e a qualquer hora, sendo um fator de grande impacto na vida de um indivíduo.

Julia Cameron propôs em seu livro "O caminho do artista" as famosas "páginas matinais". Estas são uma dessas coisas que soam tão simplórias que você não acha que jamais poderiam funcionar, mas quando praticadas, percebe como elas realmente podem mudar a sua vida. Mas o que realmente são essas páginas? As Páginas Matinais são três páginas de fluxo de escrita de consciência, idealmente feitas logo pela manhã.

Não há maneira errada de fazê-las – elas não serão avaliadas, não tem certo ou errado. É pegar a caneta e começar a escrever: sem censura, sem medo, sem cortes, sobre tudo e qualquer coisa que cruzar a sua mente – e são apenas para você. Não pense demais, liberte o fluxo do que está em sua consciência. A autora indica escrever três páginas por dia.

A prática das páginas matinais é bastante transformadora, mas a escrita expressiva pode ter diferentes formas. O importante é se dedicar à construção desse hábito para que você possa colher os benefícios da prática.

A escrita expressiva já é uma ferramenta usada há muitas décadas por psicólogos e terapeutas e é tema de pesquisas científicas e estudos, havendo sempre resultados muito positivos. Já são reconhecidos os grandes benefícios que são alcançados através da prática da escrita. Afinal, esta é uma forma de externalizar o que se sente em um espaço só seu, em que você pode desemaranhar seu coração e sua mente.

Aqui quero tratar especificamente de como usar a mágica por trás da escrita para que possamos olhar para nosso eu mais íntimo e, assim, começar uma investigação curiosa sobre nosso momento atual de vida e o quanto de nós está verdadeiramente vivendo de acordo com o que é essencial em nós e o quanto ainda estamos vivendo em razão da aprovação dos outros e da necessidade de se encaixar ou de seguir o "dragão do 'tu deves'", como Campbel colocou. É claro que o processo psicoterapêutico tem uma dimensão e um movimento diferente nesse processo, sendo, primordial. Contudo, quem não tem acesso ou ainda teme a terapia, mas ainda assim tem bastante curiosidade sobre si mesmo, havendo algo pulsando dentro de si, sussurrando sobre a vida não vivida, pode começar por aí.

Primeiramente, algo muito importante: precisamos tirar o juiz da equação. O espaço da escrita é livre de julgamentos. E, para ter mais uma opção além da forma do "Morning Pages", podemos seguir as recomendações de Pennebaker, pesquisador e professor de psicologia que provou, nos anos 80, que a prática da escrita terapêutica era muito benéfica. Ele recomenda escolher um local e um horário calmo, em que você não seja interrompido nem perturbado. Tenha um caderno só para essa prática e simplesmente comece. Escreva sem se preocupar com pontuação ou ortografia; essencialmente, coloque seus sentimentos mais profundos no papel – pode ser sobre uma questão específica que o está angustiando, sobre um conflito que está vivendo, sobre o que você sente em relação a alguém, ou ainda alguma memória que está te mobilizando. Independentemente de sua motivação, apenas abra seu coração e sua mente para o papel (prefiro papel, mas pode ser um computador). Faça disso um hábito por, pelo menos, duas semanas seguidas, todos os dias. Mesmo se você achar que não tem nada para escrever, comece com uma frase aleatória e deixe que tudo que há dentro para ser descoberto, integrado, explorado, venha à tona.

Pense que, falando da meia-idade, estamos em uma fase de reavaliação de vivências, de valores de histórias de vida. Você também pode gerir sua prática escrita daí, revisitando o passado, seus sentimentos e medos na época, como você via a vida antes e como você a entende hoje, como deseja viver seu futuro. Você pode escrever cronologicamente sobre sua trajetória externa e interna, você sendo o personagem principal. Como você se descreveria? O que o narrador contaria sobre você? Quais seriam seus maiores desejos, o que te traria completude?

Como você gostaria de ser? O que você gostaria de fazer? Escrever nossa própria trajetória em forma de narrativa pode nos ajudar a entender melhor nosso passado e como caminhamos até aqui. Ademais, auxilia-nos na compreensão de nossos relacionamentos e escolhas, do que nos foi transmitido, dito e exigido, ou que o que entendemos como exigências não necessariamente são.

A escrita é uma forma de acessar o que e como aconteceu e de poder escrever a própria história de um lugar mais sábio e maduro, que vem com a experiência da jornada experienciada com o passar dos anos. Ao nos permitirmos nos conectar com o ato de escrever sobre nós e para nós mesmos, abrimos uma porta para descobertas importantes. Então, as coisas vêm à tona.

É claro que esse processo é infinitamente mais enriquecedor feito com um terapeuta, mas quando não há condições ou a possibilidade de estar em um processo terapêutico, podemos começar esse processo de escrita autonomamente.

O jargão conhecido que diz que "podemos escrever nossa própria história" é real, e temos o potencial para fazê-lo. Começar do início, desde a nossa chegada, nossa infância, nossos pais, avós, primos, depois nossa adolescência, até o momento de começar a nos diferenciarmos da família em busca da própria autonomia psicológica, do nosso caminho único no mundo, tudo isso escrito com detalhes e, principalmente, com um olhar mais amplo – que temos hoje.

Como nós, no momento presente, olhando para traz, podemos entender como nossa vida se desdobrou? A partir do exame e da criação de novas narrativas sobre o que passou e que é passível de ser ressignificado. Como será que esse acontecimento se deu pela perspectiva de outras pessoas envolvidas? O que isso implicou na minha vida? Como esse acontecimento do passado ainda influencia na minha vida de hoje? Como isso me movimentou naquele tempo? E como me movimenta hoje? São muitas possibilidades de exploração em apenas um fato. A partir disso, podemos começar a assimilar o que aconteceu, como aconteceu e onde temos que nos movimentar e sentir o que pulsa para vir ao mundo através de nós. É de extrema importância que olhemos para trás com autocompaixão e curiosidade. O juiz interno, que olha com depreciação ou em condição de vítima, não desenvolverá um processo sadio.

Ao escrevermos nossa própria história, podemos ser o herói. Não no sentido de salvar o mundo ou os outros, mas de salvar nossa própria vida, tornarmo-nos protagonistas, o personagem principal da nossa odisseia pessoal. Deixamos de ver o mundo com os óculos da mitologia e nos esquecemos que a vida é uma jornada de aventuras. Crescer é se aventurar, e a vida está sempre nos movimentando, apresentando novas oportunidades para nos aprofundarmos e nos conectarmos mais com a existência. Assim, precisamos entender que tudo é um processo, e não existe perfeição ou linearidade nele. A história de nossos heróis, a mitologia, que carrega a essência do humano há milênios, está aí para comprovar que as coisas desandam, e depois andam. A vida é fluxo.

Muitas vezes nos atrapalhamos, confundimo-nos e até nos perdemos, faz parte. Para caminhar nessa jornada completamente e nos tornarmos plenamente nós mesmos, precisamos ser mais humanos e menos perfeitos. Em outras palavras, mais conscientes da nossa complexidade, das nossas contradições e menos engessados em uma vida ditada somente pela verborragia do ambiente externo. Permita-se dar um passo para trás, sentir o desconforto, sentir-se perdido. As situações desafiadoras fazem parte da vida e nos ajudam na nossa evolução pessoal.

Escrever nossa história pode nos trazer um insight precioso: as coisas sobre as quais pensávamos ter tanta certeza podem não ser mais tão certas assim. Reformular e ressignificar nosso passado a partir de nossa mente mais amadurecida nos ajuda a descolarmos de rótulos que demos a nós mesmos e aos outros em nossa história.

A escrita com a função terapêutica, como dito anteriormente, pode ser feita em vários formatos: alguns mais dirigidos, outros em forma de narrativa, e outros totalmente livre. O importante aqui, na segunda metade da vida, é ter o olhar das lentes que usamos para enxergar e desbravar o mundo durante a primeira metade da vida, nas promessas que cumprimos para os outros e que condicionaram nossas escolhas. É escrever examinando essa trajetória e perceber onde não temos vivido nossa verdadeira natureza que, agora, nessa altura da vida, intima-nos a vivê-la.

SONHOS

Para falar da nossa essência, não poderíamos deixar de falar de um lugar totalmente íntimo e, ao mesmo tempo, tão desconhecido dentro de nós. Uma experiência universal e ainda totalmente particular, um processo que acontece de forma autônoma internamente, o sonho.

Estamos falando sobre nossa jornada a partir da metade da vida e sobre a importância de se redescobrir para que possamos trazer mais sentido a nossa experiência. Também de como reencantar o mundo pela nossa percepção mais autêntica e geradora de sentido, e do poder da escrita e de como a rotina de introspecção e escrita nos ajuda a ter mais clareza, e a fazer grandes descobertas sobre quem realmente somos. Agora trago a importância de nos conectarmos com a parte mais natural e selvagem em nós.

Existem várias teorias sobre os sonhos, visto que são uma experiência humana universal. Pesquisas sobre o sono nos dizem que sonhamos várias vezes todas as noites, quer nos lembremos deles ou não – muitos acreditam que não sonham porque, ao acordar, não se lembram de ter sonhado. Ao longo da história, as pessoas sempre analisavam os sonhos e os interpretavam de maneiras diferentes. Nos tempos antigos, eles eram, muitas vezes, pensados como mensagens diretas dos deuses, sendo levados muito a sério. E assim devem ser, pois sabemos que a natureza não desperdiça energia e tudo tem uma função; logo, esse processo, dentro de nós, não seria diferente.

O sonho tem funções biológicas que passam pela memória e cognição e vem trazendo equilíbrio e saúde biopsicológica há milênios. Mas estamos aqui para falar dele como veículo de autoconhecimento. Sidarta Ribeiro, em seu livro "O oráculo da Noite", fala do sonho como um oráculo probabilístico, ou seja, uma simulação do futuro provável com base no passado, responsável, até mesmo, para nossa evolução como espécie. Em outras palavras, o sonho é um processo humano, corporal, cognitivo e afetivo extremamente importante. Nos tempos antigos, eles eram tidos como mensagens diretas dos deuses, e em grandes impérios, os sonhos faziam parte da vida política e social, orientando as ações de personagens como Alexandre, o Grande e Júlio César. Com Freud, no século XIX, e sua Teoria do Inconsciente, temos outra concepção sobre os sonhos, vendo-os como manifestações do inconsciente que nos traz notícias sobre nós mesmos, nossos desejos reprimidos, um lugar de manifestação de ansiedades e angústias profundas que diz muito das partes que não conhecemos em nós.

É aqui que queremos explorar. O sonho, como essa força da nossa natureza mais profunda, viva em nós, além do nosso controle consciente, um tanto quanto indomável. Um reflexo do nosso eu mais íntimo, surgindo de forma espontânea e incontrolável. Ele pode ser visto como um convidado indesejado, estranho, indecifrável. Mas, ao aceitá-lo, abrimo-nos para um grau maior de compreensão e percepção do propósito de nossa jornada. Ignorá-lo, no entanto, significa perder informações valiosas sobre nosso ser. Vale a pena considerar o significado dos sonhos e usá-los como uma ferramenta para aprofundar a compreensão sobre nossa jornada.

Isso significa entender a atividade onírica como uma forma de comunicação de uma parte profunda e muito real de nós mesmos. Sim, o sonho nos revela informações importantes sobre nosso eu interior, medos e desejos inconscientes. Revelam ainda conflitos internos e emoções reprimidas, servindo como um meio de transmissão interno. Além disso, os sonhos têm potencial para resolver conflitos, trazendo novos pontos de vista de situações, insights e ajudando no crescimento pessoal.

Ou seja, mais uma beleza da visão da psicologia analítica: essa vivência noturna, que nos traz histórias e imagens aparentemente aleatórias, podem servir a um propósito significativo na jornada rumo à Individuação. Sonhos possuem várias funções-chave, incluindo compensação, orientação, aprendizagem e tomada de perspectiva de situações. Assim como os sintomas, os sonhos podem ser mensageiros de um processo de libertação pessoal – que são de suma importância durante toda a vida, mas aqui, na metade dela, aparece com relevância especial, com pistas para o caminho ao encontro do Si-mesmo. Como visto anteriormente, o impulso para encontrar significado, sentido e propósito na jornada é universal e deriva de uma força arquetípica dentro da psique. Ignorar os sinais dos sonhos pode nos deixar mais estagnados e sem contato com esse caminho de evolução pessoal e mais distantes da nossa autenticidade. Tanto quanto o encontro com a sombra e o despir da persona, os sonhos também podem revelar e integrar aspectos previamente desconhecidos ou inconscientes da psique, levando a uma maior autodescoberta e crescimento.

Em "O caminho dos sonhos", von Franz afirma que: "Dentro de cada um há uma sombra escondida. Por trás da máscara que usamos para os outros, por baixo do rosto que mostramos a nós mesmos, vive um aspecto oculto da nossa personalidade. De noite, enquanto dormimos indefesos, sua imagem nos confronta face a face", e complementa: "Os sonhos não nos protegem das vicissitudes, doenças e eventos dolorosos da existência. Mas eles nos fornecem uma linha mestra de como lidar com esses aspectos, como encontrar um sentido em nossa vida, como cumprir nosso próprio destino, como seguir nossa própria estrela, por assim dizer, a fim de realizar o potencial de vida que há em nós".

Portanto, podemos entender que temos aqui grandes joias não só nas manhãs, como as de Hanuman, mas também em nossas noites. Estas se apresentam para nós de forma simbólica e que podem ter infinitos significados, logo, devemos abordá-las aberta e curiosamente, visto que são importantes ferramentas no nosso processo de autodescoberta. A interpretação dos sonhos, então, deve ser um processo pessoal e intuitivo, aberto a diferentes interpretações e sempre sujeito à revisão. É claro que quem sabe sobre o sonho sempre é o próprio sonhador, afinal, é ele o criador da cena. No entanto, em um contexto terapêutico, o analista tem um olhar direcionado a fim de aprofundar essa busca de significado e decodificar essas mensagens juntamente com o sonhador. Vale ressaltar que, mesmo quando não estamos em um processo de análise, podemos começar a nos interessar mais sobre o tema e trazer consciência para ele, mantendo-nos abertos e receptivos a essas "notícias" que chegam através dos sonhos.

Como esse livro foi todo inspirado por Hollis e sua obra "A passagem do meio", vou aqui propor alguns passos para se conectar com a prática de trazer consciência e explorar os sonhos:

- Colocar o sonho em contexto: considere os eventos, sentimentos e circunstâncias em sua vida que levam ao sonho. Será que ele está fazendo um comentário em alguma situação da sua vida? Ou talvez ajudando-o a processar o que está passando dentro de você, enquanto atravessa essa situação? Observe que, mesmo que seja uma situação cotidiana, que você sonha e considera como "restos diurnos", ou seja, sonhos que parecem mais óbvios, siga com curiosidade: por que minha psique me trouxe exatamente esse momento destacado aqui no sonho? Como se ela tivesse sublinhado esse momento do meu dia?

▪ Reconheça as emoções e os símbolos: concentre-se nas emoções e nos símbolos que se destacam no sonho e anote-os.

▪ Procure padrões e repetições: observe quaisquer símbolos, temas ou personagens repetidos que aparecem em seus sonhos.

▪ Conecte o sonho com sua vida pessoal: tente relacionar as emoções, os símbolos e os temas do sonho com suas experiências e sentimentos da vida pessoal.

■ Reflita sobre o significado: depois de considerar associações e padrões pessoais, reflita sobre o significado geral do sonho e que mensagem ele pode estar tentando transmitir.

■ Considere múltiplas interpretações: lembre-se de que os sonhos podem ter múltiplas interpretações, portanto, esteja aberto a diferentes perspectivas e disposto a rever seu entendimento. Eu, particularmente, adoro fazer o processo de "amplificação".

A análise dos sonhos junguiana utiliza uma técnica chamada "amplificação" e serve para ampliar o significado dos símbolos e temas em um sonho; assim, é possível aumentar a sua compreensão e fortalecer a conexão entre o seu conteúdo e o inconsciente do sonhador.

Esse processo envolve a busca de informações e conexões de diversas fontes, tais como mitologia, folclore, arte e experiências pessoais para obter uma compreensão mais profunda dos símbolos e temas sonhados. Esta técnica visa esclarecer os aspectos inconscientes da psique e melhorar a autoconsciência. Para Jung, a mente inconsciente foi considerada como um repositório de arquétipos universais que são expressos em sonhos através de símbolos e temas. A amplificação, então, ajuda a descobrir o significado subjacente desses símbolos e revela, ainda, sua conexão com o inconsciente coletivo. Gosto da possibilidade de buscar a interpretação de imagens e símbolos ao longo dos tempos e das culturas. Quando você encontrar o que faz sentido, algo dentro de você reconhece e sabe, você compreendeu algo no sonho.

Para poder fazer esse mergulho nos sonhos, precisamos também tentar lembrar deles nas nossas manhãs. Por isso é importante começar a prática de acordar e escrevê-los ou gravá-los no celular. Esse hábito vai se consolidando cada vez mais e sua conexão com a lembrança de seus sonhos aumenta. Além disso, é interessante iniciar a prática de colocar alguma intenção antes de dormir, dizendo a si mesmo que você quer se lembrar de seus sonhos. Isso estabelece uma intenção em sua mente e pode aumentar suas chances de se lembrar de seus sonhos. Por fim, sugiro uma prática de relaxamento antes de dormir, como uma meditação, por exemplo.

EPÍLOGO

Chegamos, então, ao fim deste pequeno manual para a metade da vida! Vimos um pouco da parte teórica desse processo e depois dispomos de algumas práticas que podem ser relevantes para nossa transformação em relação a nossa maior neurose: ser um ser social, ter nossa autenticidade e construir uma vida plena de sentido.

Não deixe de escutar o chamado. Voltemos à jornada do herói, nosso monomito, em que o chamado à aventura é um momento importante que marca o início da busca. Este é frequentemente acompanhado por um senso de urgência e por um desejo de empreender uma jornada para superar desafios e alcançar um objetivo.

No entanto, em alguns casos, o herói pode resistir ou recusar esse chamado para a aventura. Isso pode acontecer por diversas razões, como medo do desconhecido, desejo de manter o status quo ou falta de confiança em si mesmo.

Quando ele resiste ao convite, muitas vezes enfrenta consequências que o forçam a reconsiderar sua decisão. Por exemplo, ele pode enfrentar uma crise ou um conflito em sua vida pessoal que o force a agir (leia-se, aqui, os sintomas que aparecem para nos dizer algo sobre nós). Alternativamente, ele pode receber suporte ou orientação adicional de um mentor ou um ser sobrenatural que o ajuda a superar seu medo e a dar o primeiro passo em direção à sua jornada (o processo da psicoterapia). Em alguns casos, o herói pode nunca abraçar totalmente o chamado à aventura continuar a resistir ou evitá-la ao longo de sua vida. Neste cenário, este viverá uma vida de oportunidades perdidas e de potencial não cumprido, sem nunca perceber sua verdadeira força ou sem encontrar um sentido ou propósito. Portanto, a decisão desse herói de seguir ou resistir ao convite para o novo é um momento crucial, pois estabelece o cenário para sua jornada e determina seu destino final.

Portanto, esse livro é um convite para que você, em sua jornada heroica e pessoal através da vida, não ignore o chamado para o autoconhecimento, para sua autenticidade e sua individuação. Em outras palavras, o convite para tornar-se quem verdadeiramente é. Deixar de segui-lo tem um preço que talvez seja alto demais para pagar.

Em seguida falamos também sobre o conceito grego de Metanoia como uma "mudança de pensamento", mas que é também uma mudança no coração – na verdade, um resgate cardíaco. Momento de viver a vida não vivida e desenvolver os aspectos que ficaram escondidos, suprimidos na primeira metade do caminho, e que agora clamam pelo viver.

Estar consciente do potencial transformador da chegada à metade da vida e se implicar nesse processo de transformação psicológica e espiritual envolve uma transmutação radical de perspectiva e uma profunda jornada interior. Esta conduz a uma mudança na maneira como se experimenta a vida, incluindo uma compreensão mais holística e integrada de si mesmo e do mundo.

Por fim, pensado na história das borboletas que contei na introdução do livro, de quando tive o privilégio de presenciar algumas metamorfoses: agora é o momento de se abrir, de sair do casulo para que não tenhamos a experiência dolorosa dos heróis e heroínas que não seguiram o chamado, ou de uma borboleta cujas asas se mantiveram fechadas até o fim.

"Cumpramos o que somos. Nada mais nos é dado."

Ricardo Reis

PERGUNTAS (QUE APRENDI COM HOLLIS) PARA REFLEXÃO:

Para começar a instigar o processo de exame da metade vida, podemos meditar em algumas perguntas sugeridas por James Hollis, tendo em mente que as perguntas importantes não têm resposta "corretas" ou definitivas. Provavelmente serão subjetivas, provisórias e imperfeitas. Surgirão ao longo do tempo, mas ainda assim possibilitam mudanças, descobertas e realizações.

Por que estou onde estou e a serviço de que?

Estou vivendo a vida não vivida de meus pais, compensando seus medos?

Que forças, qual família, qual ambiente social moldou minha realidade? E como talvez tenham me ajudado ou me restringido?

Venho vivendo a minha vida ou a vida de outra pessoa?

O que me trouxe a esse momento, e a esse lugar na minha jornada?

Esse caminho que estou trilhando me faz maior ou menor?

O que eu quero de verdade?

O que minha alma quer de mim?

Estou vivendo minha própria história?

O que quer se manifestar no mundo através de mim?

Em que áreas da minha vida meus investimentos de energia me trazem satisfação?

Eu tenho posses ou minhas posses me têm?

Onde eu acho conexão e significado maiores que meu Ego?

Quem eu era antes que o mundo dissesse quem eu deveria ser?

Colofão

As fontes utilizadas na impressão desta obra foram Times New Roman (16 pt para títulos dos capítulos); Garamond (14 pt para corpo dos parágrafos); Book Antiqua (22 pt para título da obra).